＼生活からニュースまで／
ディクテーションと音読で徹底トレーニング

英語の数字と単位に強くなる!

佐藤洋一、山本　良、スティーブン・スモーリー
共著

コスモピア

はじめに

英語の学習書はそれこそ綺羅星のごとく、たくさん存在しています。日々の業務の中で、タイムパフォーマンスがますます重視される昨今、本書は類書と比べてどう違うのでしょうか。一言で言えば、本書は英語の数字と単位に強くなるための一冊です。

「英語」と「数字」という項目を見たとき、つながりをパッと思いつく方は稀でしょう。強いて言えば、中学生・高校生だけでなく、大人にとっても苦手意識を持ちがちな教科の二大巨頭、ということでしょうか。とはいえ、「学びたいけれども、なかなか手が伸びず……」というところではあるかもしれません。実際、「ビジネスパーソンには英語が必要だ」とか「仕事をする以上、統計をはじめ、数字に強くならないと」といったことが巷でもよくささやかれます。とは言え、「大事なのはわかるけれど、実際に何から手をつけたらいいのか……」と感じる方も決して少なくないでしょう。

そのようなニーズに、お応えするための一冊が本書です。本書では英語で数字（数学）の両方を扱うため、「一粒で二度美味しい」わけです。

数字や単位にフォーカスを置いた英語学習書は他にもいくつかありますが、そのほとんどは書籍のほとんどは、学習内容の性質上、どうしても「詳細な説明」や、「正確な捉え方」、そして「かっちりした表現」に重きが置かれてしまう傾向があります。このようなアプローチも大変有益ですが、数字や単位の正確な把握のほうにばかりフォーカスしてしまうと、実用的な言語運用という面では難があります。特に、ビジネスの文脈では、肝心のコミュニケーションが阻害されてしまうということも起こり得ます。

そこで本書では、英語で数字や単位を正確に把握することではなく、特にビジネスパーソンにとって英語でコミュニケーションをとるときに必要になるものに焦点を当てました。トレーニングを通して学習した知識を身につけ、コミュニケーションが円滑にとれるように、工夫しました。

「英語」と「数字・単位」という、いわば「二重苦」(英語ではdouble painなどと表現しますが）を克服する鍵は、ずばり「概算」です。現在、会話の最中にスマホでグーグルなどの検索エンジンをはじめ、インターネットを利用して必要な情報を得ることが普通になって久しいでしょう。例えば、英語圏で使われるけれども、日本人にはあまり馴染みのないものにフィート・ヤードなどの長さ、あるいはオンス・ポンドなどの単位があります。実は「正確な数字」はインターネットで調べればすぐにわかるのです。しかし正確な数字の把握にばかり気を取られてしまうと、肝心の「スムーズなコミュニケーション」のほうが犠牲になります。これでは本末転倒です。そこで、本書は正確な数字はスマホ検索に任せて、「だいたいの数字を英語で理解できたり、言えたりすればよしとしようじゃないか」というコンセプトで、特に覚えておきたい必要な点に絞ってトレーニングしていくことにします。

まずは大きな数字の言い方、次は英語圏で使われるけれども日本人には馴染みの薄い単位、そしてぜひ覚えておきたい学校で学習する数字の順番に紹介していきます。仕上げは数字を使った音読トレーニングです。英語を読むことが得意な方でも「しゃべるほうはちょっと……」と感じておられる方も決して少なくはないでしょう。本書では、「音読トレーニング」を充実させました。題材として取り上げている数字（数学）の英語表現は、ビジネスに直結する実用的な例文になるように工夫しました。

本書は、日本人英語学習者にとって苦手意識のある英語の数字と単位を中心に取り上げ、主に佐藤が克服のコツを紹介しています。数字（数学）や単位については、英語だけでなく理数系科目の指導経験豊富な山本が吟味しました。そして、ビジネス現場での英語のやり取りやコンサルティング経験が豊富なスモーリーが、ネイティブ・スピーカーの視点で英文の校正を行いました。

本書が、読者の皆様の英語の数字と単位の学習の一助となることを願います。

2022年12月末日
佐藤洋一・山本　良・スティーブン・スモーリー

Contents

Part 1
数字の基本をマスターする

Part 2
日常生活の中の数字

Part 3
学校で習う数字など

Part 4
総合トレーニング

コラム

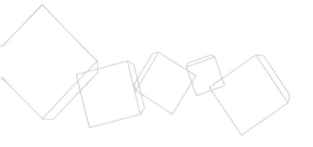

ミニコラム

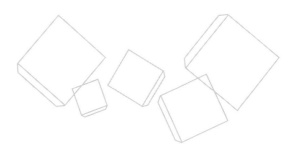

本書の構成と使い方

●本書は大きく４つのパートに分かれています。
Part 1：小さい数字から大きい数字までの数字の読み方の基本
Part 2：数字が使われる生活などの場面での基本的な使い方
Part 3：算数や社会、理科など学校で習う数字などの使い方
Part 4：ニュースや記事、ことわざや慣用句などでトレーニング

Part 1 と Part 2

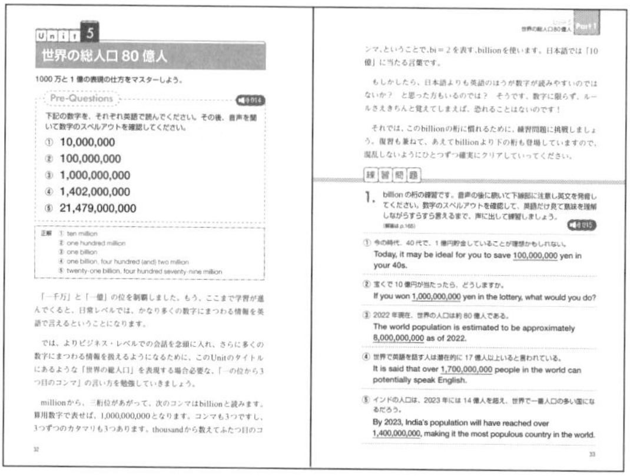

Unit 5
世界の総人口 80 億人
1000 万と 1 億の表現の仕方をマスターしよう。

Pre-Questions 014
下記の数字を，それぞれ英語で読んでください。その後，音声を聞いて数字のスペルアウトを確認してください。
① 10,000,000
② 100,000,000
③ 1,000,000,000
④ 1,402,000,000
⑤ 21,479,000,000

正解 ① ten million
② one hundred million
③ one billion
④ one billion, four hundred (and) two million
⑤ twenty-one billion, four hundred seventy-nine million

「一千万」と「一億」の位を制覇しました。もう，ここまで学習が進んでくると，日常レベルでは，かなり多くの数字にまつわる情報を英語で言えるということになります。

では，よりビジネス・レベルでの会話を念頭に入れ，さらに多くの数字にまつわる情報を扱えるようになるために，このUnitのタイトルにあるような「世界の総人口」を表現する場合必要な，「一の位から3つ目のコンマ」の言い方を勉強していきましょう。

millionから，三桁位があがって，次のコンマはbillionと読みます。算用数字で表せば，1,000,000,000となります。コンマも3つですし，3つずつのカタマリも3つあります。thousandから数えてふたつ目のコ

32

Unit 5 世界の総人口80億人 Part 1

ンマ，ということで，bi＝2を表す，billionを使います。日本語では「10億」に当たる言葉です。

もしかしたら，日本語よりも英語のほうが数字が読みやすいのではないか？　と思った方もいるのでは？　そうです，数字に限らず，ルールさえきちんと覚えてしまえば，恐れることはないのです！

それでは，このbillionの桁に慣れるために，練習問題に挑戦しましょう。復習も兼ねて，あえてbillionより下の桁も登場していますので，混乱しないようにひとつずつ確実にクリアしていってください。

練習問題

1. billion の桁の練習です。音声の後に続いて下線部に注意し英文を発音してください。数字のスペルアウトを確認して，英語だけ見て意味を理解しながらすらすら言えるまで，声に出して練習しましょう。
(解答は p.165) 015

① 今の時代，40 代で，1 億円貯金していることが理想かもしれない。
Today, it may be ideal for you to save 100,000,000 yen in your 40s.

② 宝くじで 10 億円が当たったら，どうしますか。
If you won 1,000,000,000 yen in the lottery, what would you do?

③ 2022 年現在，世界の人口は約 80 億人である。
The world population is estimated to be approximately 8,000,000,000 as of 2022.

④ 世界で英語を話す人は潜在的に 17 億人以上いると言われている。
It is said that over 1,700,000,000 people in the world can potentially speak English.

⑤ インドの人口は，2023 年には 14 億人を超え，世界で一番人口の多い国になるだろう。
By 2023, India's population will have reached over 1,400,000,000, making it the most populous country in the world.

33

Part 1

数字を読む上での基本中の基本、1,000 の位、1,000,000 の位のふたつのコンマに注目することで、1000 の位の数から、兆以上の大きな数字までの読み方をマスターしていきます。

Part 2

英語圏では使われるけれども、日本人には馴染みの薄い単位などの練習。数字だけではなく、数字にまつわる必須の語句もあわせて、長めの英文で、ディクテーション・トレーニングや音読に取り組みます。

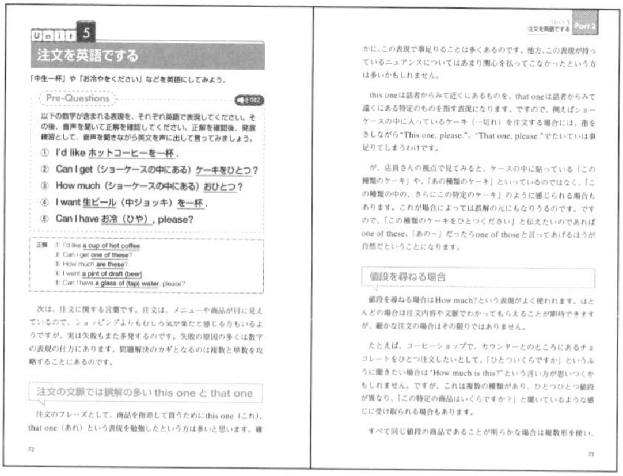

Unit 5
注文を英語でする
「中生一杯」や「お冷やをください」などを英語にしてみよう。

Pre-Questions 042
以下の数字が含まれる表現を，それぞれ英語で表現してください。その後，音声を聞いて正解を確認してください。正解を確認後，発展練習として，音声を聞きながら英文を声に出して言ってみましょう。
① I'd like ホットコーヒーを一杯.
② Can I get（ショーケースの中にある）ケーキをひとつ?
③ How much（ショーケースの中にある）おひとつ?
④ I want 生ビール（中ジョッキ）を一杯.
⑤ Can I have お冷（ひや）, please?

正解 ① I'd like a cup of hot coffee.
② Can I get one of these?
③ How much are these?
④ I want a pint of draft (beer).
⑤ Can I have a glass of (tap) water, please?

次は，注文に関する言葉です。注文は，メニューや商品が目に見えているので，ショッピングよりもむしろ気が楽だと感じる方もいるようですが，実は失敗もまた多発するのです。失敗の原因の多くは数字の表現の仕方にあります。問題解決のカギとなるのは複数と単数を攻略することにあるのです。

注文の文脈では誤解の多い this one と that one

注文のフレーズとして，商品を指差して買うためにthis one（これ），that one（あれ）という表現を勉強したという方は多いと思います。確

72

Unit 5 注文を英語でする Part 2

かに，この表現で事足りることは多くあるのです。他方，この表現が持っているニュアンスについてはあまり関心を払ってこなかったという方は多いかもしれません。

this oneは話者からみて近くにあるものを，that oneは話者からみて遠くにある特定のものを指す表現になります。ですので，例えばショーケースの中に入っているケーキ（一切れ）を注文する場合には，指をさしながら"This one, please."、"That one, please."でたいていは事足りてしまうわけです。

が，店員さんの視点で見てみると，ケースの中に貼っている「この種類のケーキ」や，「あの種類のケーキ」といっているのではなく，「この種類の中の，さらにこの特定のケーキ」のように感じられる場合もあります。これが場合によっては誤解の元にもなりうるのです。ですので，「この種類のケーキをひとつください」と伝えたいのであればone of these，「あの～」だったらone of thoseと言ってあげるほうが自然だということになります。

値段を尋ねる場合

値段を尋ねる場合はHow much?という表現がよく使われます。ほとんどの場合は注文内容や文脈でわかってもらえることが期待できますが，細かな注文の場合はその限りではありません。

たとえば，コーヒーショップで，カウンターとのところにあるチョコレートをひとつ注文したいとして，「ひとついくらですか」というふうに聞きたい場合は"How much is this?"という言い方が思いつくかもしれません。ですが，これは複数の種類があり，ひとつひとつ値段が異なり，「この特定の商品はいくらですか？」と聞いているような感じに受け取られる場合もあります。

すべて同じ値段の商品であることが明らかな場合は複数形を使い，

73

生活の場面を中心に数字を扱います。日英の単位の違いは、概算で理解すればよいという先生からの実践的なアドバイスもあります。

Part 3 と Part 4

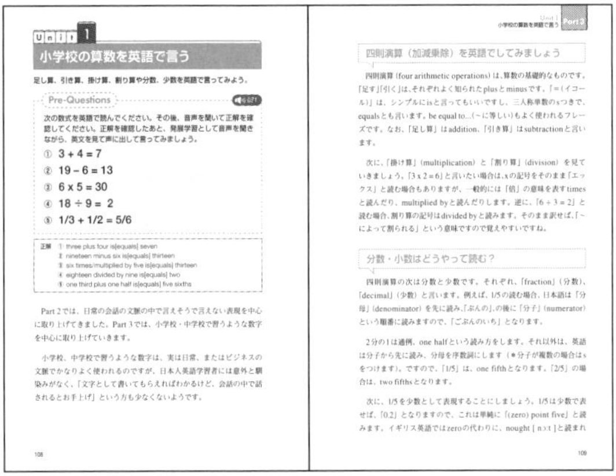
Unit 1
小学校の算数を英語で言う

足し算、引き算、掛け算、割り算や分数、少数を英語で言ってみよう。

Pre-Questions

次の数式を英語で読んでください。その後、音声を聞いて正解を確認してください。正解を確認したあと、発展学習として音声を聞きながら、英文を見て声に出して言ってみましょう。

① 3 + 4 = 7
② 19 − 6 = 13
③ 6 x 5 = 30
④ 18 ÷ 9 = 2
⑤ 1/3 + 1/2 = 5/6

正解 ① three plus four is[equals] seven
② nineteen minus six is[equals] thirteen
③ six times/multiplied by five is[equals] thirteen
④ eighteen divided by nine is[equals] two
⑤ one third plus one half is[equals] five sixths

四則演算（加減乗除）を英語でしてみましょう

分数・小数はどうやって読む？

Part 3

ぜひ覚えておきたい学校で習う数字を中心に学習します。算数で出てくる数字から、社会、などから、視力 1.0、築 30 年は何と言うかなど、言えそうで言えない数字のいろいろな表現を紹介します。

Part 4

Part 4 は Part 1-3 の応用編で、すべてトレーニング問題です。ニュースや記事、ことわざ、慣用句の練習をします。

Unit 1

数字とともに数字にまつわる必須の語句もあわせて、Part 2 よりも長めの記事などの英文を使って、ディクテーションや音読のトレーニングをします。

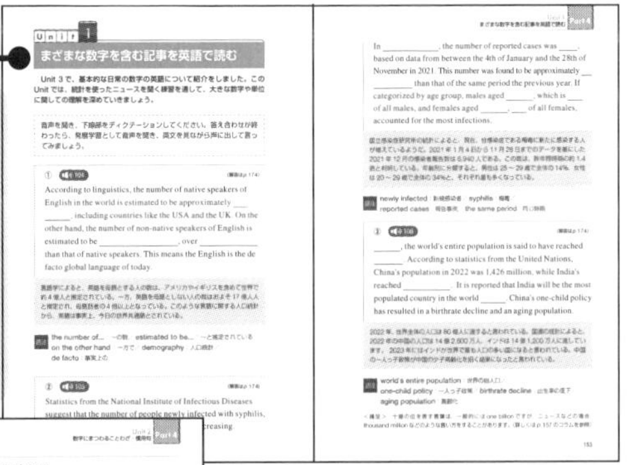
Unit 1
さまざまな数字を含む記事を英語で読む

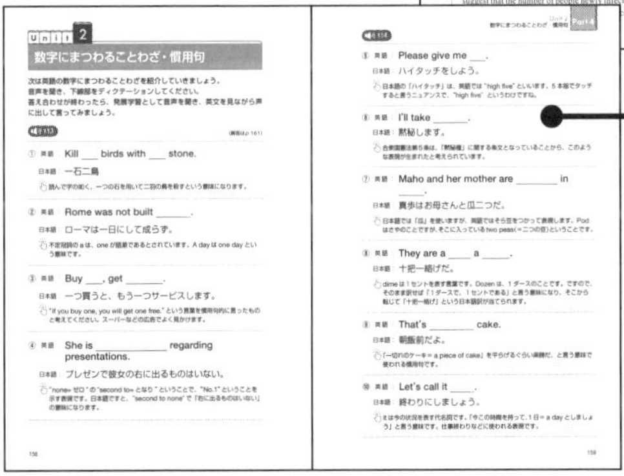
Unit 2
数字にまつわることわざ・慣用句

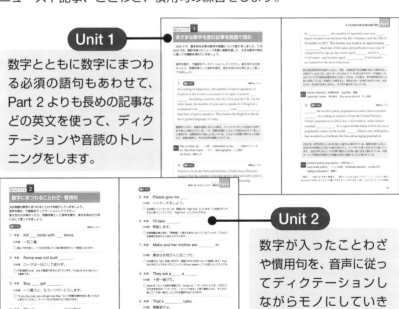

① 英語 Kill ___ birds with ___ stone.
日本語 一石二鳥

② 英語 Rome was not built ______.
日本語 ローマは一日にして成らず。

③ 英語 Buy ___, get ______.
日本語 一つ買うと、もう一つサービスします。

④ 英語 She is __________ regarding presentations.
日本語 プレゼンで彼女の右に出るものはいない。

英語 Please give me ___.
日本語 ハイタッチをしよう。

英語 I'll take ______.
日本語 黙秘します。

英語 Maho and her mother are ________ in ______.
日本語 真歩はお母さんと瓜二つだ。

英語 They are a ___ a _____.
日本語 十把一絡げだ。

英語 That's ______ cake.
日本語 朝飯前だよ。

英語 Let's call it ____.
日本語 終わりにしましょう。

Unit 2

数字が入ったことわざや慣用句を、音声に従ってディクテーションしながらモノにしていきましょう。

ディクテーションと音声を聞きながらの音読

●本書の特徴は、単に知識として英語の数字言い方を知るだけではなく、瞬発力を持って理解し、使えるようにするためのトレーニング量が豊富なことです。

　ディクテーション（音声を聞いて書き取ること）の問題が多いので、答え合わせをした後に、意味を理解し、音声を聞きながら音読（シンクロリーディング、パラレルリーディングとも言います）をしっかりやって、数字を使う感覚を定着させましょう。

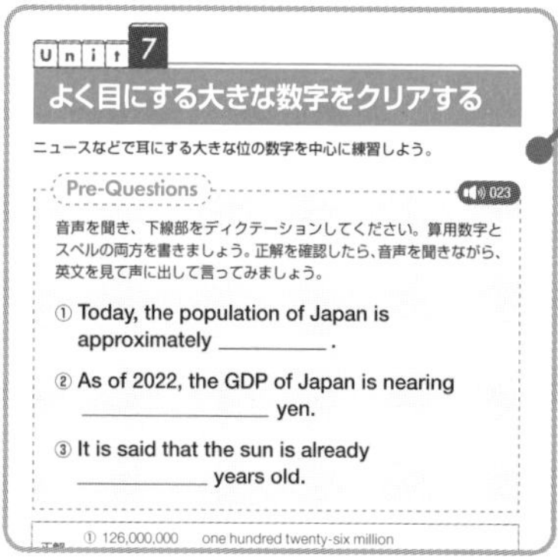

Unit 7

よく目にする大きな数字をクリアする

ニュースなどで耳にする大きな位の数字を中心に練習しよう。

Pre-Questions　023

音声を聞き、下線部をディクテーションしてください。算用数字とスペルの両方を書きましょう。正解を確認したら、音声を聞きながら、英文を見て声に出して言ってみましょう。

① Today, the population of Japan is approximately ＿＿＿＿＿＿.

② As of 2022, the GDP of Japan is nearing ＿＿＿＿＿＿ yen.

③ It is said that the sun is already ＿＿＿＿＿＿ years old.

正解　① 126,000,000　one hundred twenty-six million

Pre-Questions

Part 1-3 の各 Unit の冒頭には Pre-Questions があります。その Unit で学ぶテーマの問題が簡潔に示されます。

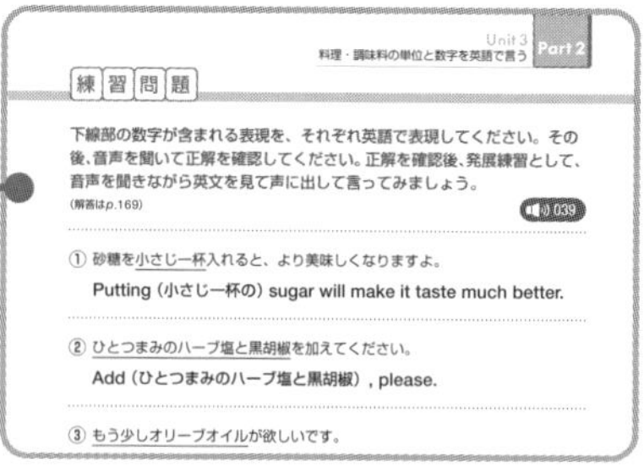

Unit 3　料理・調味料の単位と数字を英語で言う　Part 2

練習問題

下線部の数字が含まれる表現を、それぞれ英語で表現してください。その後、音声を聞いて正解を確認してください。正解を確認後、発展練習として、音声を聞きながら英文を見て声に出して言ってみましょう。

(解答はp.169)　039

① 砂糖を小さじ一杯入れると、より美味しくなりますよ。

Putting（小さじ一杯の）sugar will make it taste much better.

② ひとつまみのハーブ塩と黒胡椒を加えてください。

Add（ひとつまみのハーブ塩と黒胡椒）, please.

③ もう少しオリーブオイルが欲しいです。

練習問題

Part 1-3 の各 Unit の最後には練習問題があります。その Unit で学んだ内容を理解したかどうかを確かめる問題が出題されます。

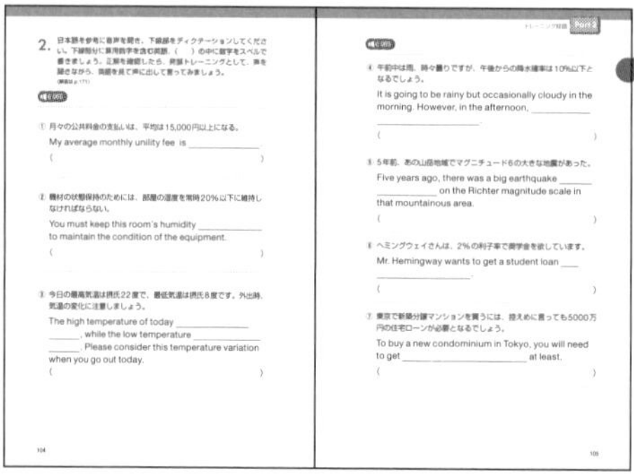

2. 日本語を参考に音声を聞き、下線部をディクテーションしてください。下線部分に算用数字を含む英語、（　）の中に数字をスペルで書きましょう。正解を確認したら、発展トレーニングとして、音を聞きながら、英語を見て声に出して言ってみましょう。

① 月々の公共料金の支払いは、平均は15,000円以上になる。

My average monthly unility fee is ＿＿＿＿＿＿

（　　　　　）

② 機材の状態保持のためには、部屋の湿度を常時20%以下に維持しなければならない。

You must keep this room's humidity ＿＿＿＿＿＿ to maintain the condition of the equipment.

（　　　　　）

③ 今日の最高気温は摂氏22度で、最低気温は摂氏8度です。外出時、気温の変化に注意しましょう。

The high temperature of today ＿＿＿＿＿＿ ＿＿＿, while the low temperature ＿＿＿＿＿＿ ＿＿＿. Please consider this temperature variation when you go out today.

（　　　　　）

104

トレーニング問題　Part 3

④ 午前中は雨、時々曇りですが、午後からの降水確率は10%以下となるでしょう。

It is going to be rainy but occasionally cloudy in the morning. However, in the afternoon, ＿＿＿＿＿＿ ＿＿＿＿＿＿.

（　　　　　）

⑤ 5年前、あの山岳地域でマグニチュード6の大きな地震があった。

Five years ago, there was a big earthquake ＿＿＿ ＿＿＿＿＿＿ on the Richter magnitude scale in that mountainous area.

（　　　　　）

⑥ ヘミングウェイさんは、2%の利子率で奨学金を欲しています。

Mr. Hemingway wants to get a student loan ＿＿＿ ＿＿＿＿＿＿.

（　　　　　）

⑦ 東京で新築分譲マンションを買うには、控えめに言っても5000万円の住宅ローンが必要となるでしょう。

To buy a new condominium in Tokyo, you will need to get ＿＿＿＿＿＿＿＿ at least.

（　　　　　）

105

トレーニング問題

Part 1-3 の最後にはトレーニング問題があります。その Part で学んだ内容の全体を、最後に復習できます。

コラムとミニコラム

●飽きずに学習していただくために、関連知識を学べるコラムとミニコラムを豊富に収載しています。

コラム **動物の群れを指す表現**

150ページのコラムに続いて、それぞれの動物のイメージを連想させる動物の群れを表す表現を見てみましょう。

a pride of lions : ライオンの群れ（百獣の王のプライド、ということでしょうか）

a gang of turkeys : 七面鳥の群れ（七面鳥のギャングなんですね）

a tower of giraffes : キリンの群れ（首の長いキリンが塔を彷彿とさせますね）

an army of frogs : カエルの群れ（カエルの軍隊というとケ〇ロ軍曹を思い出します）

a flight of swallows : ツバメの群れ（ツバメが飛行している様子を連想

コラム **アメリカで使われる4種類の硬貨とその通称**

わたし（佐藤）が初めて渡米したのは、2005年のことです。ミシシッピ州立大学に語学留学をしたのが初めての海外渡航です。さて、現地で生活をしてみて、インチやフィート、オンスやポンドといった慣れない単位に面食らいましたが、実は一番死活問題として感じたのは、実は硬貨 (coins) の単位です。アメリカには、4種類の硬貨があり、それぞれ、通称があります。

1セントコイン→ **penny**

5セントコイン→ **nickel**

10セントコイン→ **dime**

25セントコイン→ **quarter**

5セントコインの **nickel** とは、材料のニッケル合金製が由来なのだそうです。10セントコインの **dime** は、古いフランス語の "disme" が由来だそうで、これは10分の1という意味（10セントが1ドルの10分の1であることから）なのだそう。また、25セントコインの **quarter** は4分の1という意味を持ち、25セントが1ドルの4分の1であることが由来だそうです。

1セントと5セントには数字が表記されていましたが、10セントコインと25セントコインには10 cents、25 cents などの数字は見あたりませんでした。その代わり、**one dime**、**quarter dollar** などとと記載されています。

最近は自動精算機などが普及しているので、機械が勝手に判別してくれて助かります。ですが、初めて渡米した当時はそのような会計のサービスはなく、長さや重さの単位よりも、まずはこのコインの種類を覚えるのに苦労したのを、今になってしみじみと思い出します（笑）

54

コラム

アメリカでのコインの通称や使い方で混乱した著者の経験談や、乾電池の大きさを表す表現など、英語圏で生活するときに役立つ、実践的な情報を伝えます。

④ 生ビールを3杯もらえますか。

Can I get ____________ draft (beer), please?

⑤ お冷を2杯ください。

We want ________________.

ミニコラム **「お通し」とテーブルチャージ**

日本に訪れた外国人観光客を困惑させるのが、居酒屋の「お通し」というサービスです。明瞭会計を好む欧米からの観光客の場合、頼んだ覚えのない料理がきて、それを後で請求されて嫌な思いをしたと感じてしまう人も中にはいるようです。

他方、英語圏にはテーブルチャージ（a cover charge）というものがあるので、「お通し」の制度を説明する場合には、"This is called *Otoshi*, a snack, that counts as a cover charge."（これはお通しと呼ばれ、おつまみみたいなもので、テーブルチャージの代わりですよ）などと説明すると、比較的わかってもらいやすいでしょう。

75

・every two weeks or every other week
・once in two weeks

every other...は、覚えておくと汎用性の高い表現です。例えば、every other monthは2カ月に1回＝隔月、every other yearは隔年（2年に1回）です。everyを使った頻出表現としては、every ten years＝10年に1回などもあります。

ミニコラム **「年1回」の話し言葉と書き言葉**

「年1回」は once a year、2年に1回は once in two years または every two years [every other year] という言い方を紹介しました。これはもっぱら話し言葉として用いられる表現です。書き言葉では、「年1回」は annually、「隔年」は biennially という副詞をそれぞれ用いられます。特にこのふたつの副詞表現は、ビジネス文章などでもよく見かける表現ですので、覚えておくと便利です。

視力 1.0

視力検査で、「右目1.0、左目1.0」のような言い方をよく聞きます。

141

ミニコラム

ヤード・ポンド法は実際にはどこで使われているのかなど、実際の生活で役に立つワンポイント知識が満載です。

音声ファイル一覧表

Audio file No.	ページ	Part と Unit
1	16	P1-U1
2	19	P1-U1
3	20	P1-U2
4	22	P1-U2
5	22	P1-U2
6	23	P1-U2
7	24	P1-U3
8	26	P1-U3
9	27	P1-U3
10	28	P1-U4
11	29	P1-U4
12	30	P1-U4
13	31	P1-U4
14	32	P1-U5
15	33	P1-U5
16	34	P1-U5
17	36	P1-U6
18	37	P1-U6
19	38	P1-U6
20	40	P1-U6
21	41	P1-U6
22	41	P1-U6
23	42	P1-U7
24	43	P1-U7
25	44	P1-U7
26	45	P1-U7
27	46	P1-U7
28	48	T1
29	49	T1
30	50	T1
31	51	T1
32	52	T1
33	53	T1
34	56	P2-U1
35	59	P2-U1
36	60	P2-U2
37	63	P2-U2
38	64	P2-U3
39	67	P2-U3
40	68	P2-U4
41	71	P2-U4
42	72	P2-U5
43	75	P2-U5
44	76	P2-U6
45	79	P2-U6
46	80	P2-U7
47	83	P2-U7
48	84	P2-U8
49	86	P2-U8
50	87	P2-U8
51	87	P2-U8
52	88	P2-U9
53	91	P2-U9
54	92	P2-U10
55	93	P2-U10
56	94	P2-U10
57	95	P2-U10
58	95	P2-U10
59	96	P2-U10
60	96	P2-U10
61	97	P2-U10
62	97	P2-U10
63	98	P2-U11
64	100	P2-U11
65	101	P2-U11
66	102	T2
67	103	T2
68	104	T2
69	105	T2
70	106	T2
71	108	P3-U1
72	110	P3-U1
73	111	P3-U1
74	112	P3-U2
75	115	P3-U2
76	116	P3-U3
77	120	P3-U3
78	120	P3-U3
79	120	P3-U3
80	120	P3-U3
81	121	P3-U3
82	122	P3-U3
83	124	P3-U4
84	129	P3-U4
85	129	P3-U4
86	130	P3-U4
87	132	P3-U5
88	135	P3-U5
89	135	P3-U5
90	136	P3-U6
91	139	P3-U6
92	140	P3-U7
93	142	P3-U7
94	143	P3-U7
95	143	P3-U7
96	144	T3
97	145	T3
98	146	T3
99	146	T3
100	147	T3
101	147	T3
102	148	T3
103	149	T3
104	152	P4-U1
105	152	P4-U1
106	153	P4-U1
107	154	P4-U1
108	154	P4-U1
109	155	P4-U1
110	155	P4-U1
111	156	P4-U1
112	157	P4-U1
113	158	P4-U2
114	159	P4-U2
115	160	P4-U2

音声ダウンロードの方法

音声をスマートフォンや PC で、簡単に
聞くことができます。

方法 1 スマホで聞く場合

面倒な手続きなしにストリーミング再生で聞くことができます。

※ストリーミング再生になりますので、通信制限などにご注意ください。
また、インターネット環境がない状況でのオフライン再生はできません。

このサイトにアクセスするだけ！

https://soundcloud.com/yqgfmv3ztp15/sets/

❶ 上記サイトにアクセス！

❷ アプリを使う場合は SoundCloud に アカウント登録（無料）

方法 2 パソコンで音声ダウンロードする場合

パソコンで mp3 音声をダウンロードして、スマホなどに取り込むことも可能です。
（スマホなどへの取り込み方法はデバイスによって異なります）

❶ 下記のサイトにアクセス

https://www.cosmopier.com/download/

❷ 中央のボタンをクリックする

音声は PC の一括ダウンロード用圧縮ファイル（ZIP 形式）でご提供します。
解凍してお使いください。

電子版を使うには

音声ダウンロード不要
ワンクリックで音声再生！

本書購読者は
無料でご使用いただけます！
音声付きで
本書がそのままスマホでも
読めます。

電子版ダウンロードには
クーポンコードが必要です

詳しい手順は下記をご覧ください。
右下の QR コードからもアクセスが可能です。

電子版：無料引き換えコード
023002

ブラウザベース（HTML5 形式）でご利用いただけます。

★クラウドサーカス社 ActiBook電子書籍（音声付き）です。

●対応機種

- PC（Windows/Mac）
- iOS（iPhone/iPad）
- Android（タブレット、スマートフォン）

電子版ご利用の手順

❶コスモピア・オンラインショップにアクセスしてください。（無料ですが、会員登録が必要です）
https://www.cosmopier.net/

❷ログイン後、カテゴリ「電子版」のサブカテゴリ「書籍」をクリックしてください。

❸本書のタイトルをクリックし、「カートに入れる」をクリックしてください。

❹「カートへ進む」→「レジに進む」と進み、「クーポンを変更する」をクリック。

❺「クーポン」欄に本ページにある無料引き換えコードを入力し、「登録する」をクリックしてください。

❻ 0 円になったのを確認して、「注文する」をクリックしてください。

❼ご注文を完了すると、「マイページ」に電子書籍が登録されます。

Part 1

数字の基本をマスターする

コンマの置かれる1000の位、100万の位から大きな数字の読み方にも慣れよう。

Unit 1

1000の位をマスターする

数字を読み解く鍵は、1000の位と100の位の間にあるコンマにある！

Pre-Questions

001

下記の数字を、それぞれ英語で読んでください。その後、音声を聞いて正解を確認してください。

① **1,000**

② **5,000**

③ **2,085**

④ **7,777**

⑤ **8,955**

正解 ① one thousand
② five thousand
③ two thousand, and eighty-five
④ seven thousand, seven hundred seventy-seven
⑤ eight thousand, nine hundred fifty-five

本書を手に取っておられるみなさんの多くは、中学校や高校で英語の授業を受けてこられたと思います。そして、このような英語学習の過程で、英単語を覚えるのに苦労したり、英語の文法の複雑さに頭を悩ませたことが多かれ少なかれあったのではないでしょうか。

ですが、頭を悩ませるのは、この単語や文法の学習だけではありません。英語学習者の多くは、意外に英語の数字の読み方が覚えられなくて頭を抱えたという経験があるようです。母語である日本語では比較的容易に扱えるはずの数字や単位が、外国語の英語になると突然わかりづらくなってしまうのです。

今も昔も、中学生、高校生にとって苦手意識のある科目の上位に入るものと言えば、「英語」と「数学」らしいので、「英語で数字を読む」というのは、学習者にとっては、ある意味「二重苦」であるというのは、みなさんも肌で感じられることかと思います。

たとえば、英語の教科書に“The Tokugawa shogunate was established in 1603.”（徳川幕府は1603年に設立された）のような英文があって、それを自分で音読しようとすると、どうしても“1603”のところでつまってしまい、歯がゆい思いをしたという経験はありませんか？　ちなみに、わたし（佐藤）は高校生の頃、こういう数字のところにくると、いつも「in せん、ろっぴゃく、さん」のように日本語で読んで、英語で読むのをスルーしていました（笑）

数字に苦手意識がある原因は？

1から99までの数字については、比較的馴染みがあるという方も多いようです。2桁の数字についてはなんとかクリアできても、3桁以上になると突然、読むのにつまってしまうという経験をされた方は決して少なくないでしょう。100以上の数字になってしまうと途端に苦手意識が出てくるという事情は多くの人が共有しているようです。

特に1000を超える数字となると、読み方がさらに複雑に思えてきます。先ほどの「せん、ろっぴゃく、さん」のように、つい日本語で読んでしまうという方や、もはや挫折してしまったという方も決して少なくないのでは？

例えば、「1998」という数字を考えてみましょう。この数字は、多くの読者さんには見覚えのある数字かと思います。Windows®98という当時としては画期的なOSが世の中に出た年です。「1998年」を英語で読むためには、どのように言えばいいのでしょうか。

「1998年」を英語で言うためには、「19」と「98」に分けて、それぞれ英語で読むことになります。英語で「1998年」と言いたければ、

nineteen ninety-eightと読めばいいわけです。

ところが、この数字を1,998円だと捉えてみましょう。さっきのようにふたつの数字に分けて、nineteen ninety-eight yenと読んだら、×とされてしまって、混乱したという経験をお持ちの方もいるでしょう。日本語だと、年代だろうが金額だろうが、「せん、きゅうひゃく、きゅうじゅう、はち」でいいはずの数字の読み方が、英語になるとなんでこんなに複雑になってしまうのでしょうか。

数字を読み解く鍵は、実はコンマの読み方

1000の位以上になると、数字が難しいと感じられる原因のひとつは、「年代」と「金額」では読み方のルールが異なる、という思い込みにあるようです。しかし、このふたつの数字の読み方が異なる理由の本質は、「年代」と「金額」ではルールが違うことにあるのではなく、数字をどう捉えるのかということにあるのです。

「1,998円」は、one thousand nine hundred ninety-eight yenと英語では読むわけですが、この異なる「ルール」を理解する鍵は、実は「年代」か「金額」かの違いではなく、「コンマ」が打たれているかどうかにあるのです。

まず、「1998年（nineteen ninety-eight)」という表記には、コンマがついていないことは一目瞭然ですね（この年代を表す言い方については、Part 3のUnit 3「社会にまつわる数字を英語で言う」で詳しく取り上げていくことにします)。

ところが、「1,998円」のほうには、コンマがついています。このコンマは100の位ではなく、1000の位のところについています。「千」を表すときに、例えば、100,0や10,00のようにはせず、3桁で区切ってコンマを打っていくわけです。そして、このひとつ目のコンマをthousandと読むことにしましょう。その後の100の桁の数字である

998を、nine hundred ninety-eightと読みます。

英語の数字が苦手だと感じる方の多くは、「1,998」という数字の羅列を見たときに、「1,000 = one thousand, 100 = one hundred」だからと一つひとつ考え、1,998という数字を日本語に置き換えてから英語で言っています。このような置き換えをしていたら時間がかかり、スムーズなコミュニケーションを図ることができません。

大きな数字を英語で読む際のコツは、この数字の中に含まれるコンマを捉えることにあります。英語の数字では、右からひとつ目に現れるコンマ(3桁ずつ区切っていますが)をthousandと読むことにします。これは、大きな数字を読むコツですので、しっかり覚えておいてください。

練習問題

下記の数字を、それぞれ英語で読んでください。その後、音声を聞いて正解を確認してください。 (解答はp.164)

002

① **1,583**

② **4,560**

③ **5,708**

④ **6,089**

⑤ **3,409**

Unit 2

3万円を英語で言うと?

コンマを thousand と読むことにすると 10,000 は ten thousand。

Pre-Questions

003

下記の数字を、それぞれ英語で読んでください。その後、音声を聞いて正解を確認してください。

① **10,000**

② **25,000**

③ **33,000**

④ **150,000**

⑤ **220,000**

正解 ① ten thousand
② twenty-five thousand
③ thirty-three thousand
④ one hundred fifty thousand
⑤ two hundred twenty thousand

ある日、英語圏の同僚から、"How much do you usually give as a wedding gift in Japan?"（日本では結婚式のご祝儀の相場はいくらですか？）と尋ねられました。そこで、あなたは「相場は30,000円ですよ」という旨を伝えてあげたいとします。この「30,000円」は英語では、どのように表現するのでしょうか。

前のセクションで、「千」という単位を表すのはthousandという表現であることを紹介しました。そして、金額の場合は3つの桁で区切られていて、一の位から数えて、最初のコンマを、thousandと読むといいということを紹介しました。

では、次の位の「万」を示すためにはどうしたらよいのでしょうか。

一瞬、頭を悩ませてしまうかもしれません。が、考え方は、至って単純です。このコンマをthousandと読むことを基準に考えると、コンマの前の数字を読んで、その後、thousandと言えばいいのです。

「一万」を算用数字で表せば、「10,000」となります。コンマの前にあるのは10=tenです。そして、コンマはthousandと読めばいいわけですから、10,000はten thousandと読むことになります。

10,000がten thousandであるならば

10,000を英語で、ten thousandと読む理屈がわかりました。この理屈を応用すると、次の位である十万もどのように表現するのかを考えることが容易になります。

算用数字では、100,000と表現することを基準に考えると、コンマの前の数字がone hundred、そしてコンマをthousandと読めば、100,000はone hundred thousandと読むということがすんなり理解できるでしょう。

それでは、一万～十万の位で、よく使われる日常での表現を取り上げながら、それぞれの練習問題に取り組んで、理解を深めてください。

ミニコラム one manって何のこと？

長年、日本で英語教育に携わってきた東京大学のトム・ガリー教授の著書、『英語のアポリア』（2022年、研究社）では、日本に在住している英語話者の数字の認識に関する面白い事例が紹介されています。それは、「一万円」というのを示すのに、日本在住の英語話者はten thousand yenと言うよりも“one man”という単位を使う傾向が意外と強いらしい、ということです。やはり、日本では現在お札として一万円札が流通しているため、このお札を基準に単位を考えたほうがわかりやすいし、伝わりやすいということなのでしょう。数字に関する認識は、かなりコンテクスト（文脈・状況）に依存する場合もある、ということの表れなのでしょう。

練習問題

音声の後に続いて、下線部に注意して英文を発音してください。数字のスペルアウトを確認したあと、英語だけ見て意味を理解しながらすらすら言えるまで、声に出して練習しましょう。

1. 日常の金額（10万円未満）を英語で言ってみましょう。

（解答はp.164）

004

① 日本の習慣では、結婚式のご祝儀として3万円を包みます。

In Japanese custom, you usually give 30,000 yen as a wedding gift.

② 日本で結婚式のご祝儀として2万円を払うのは受け入れられません。というのも、偶数は、「別れる」ことを象徴してしまうからです。

Giving 20,000 yen as a wedding gift is not acceptable in Japan, because even numbers represent separation.

③ 10万円未満の購入品は消耗品に分類されます。

Anything purchased for less than 100,000 yen can be categorized as a consumable.

④ 5万円以上の購入品には、承認を得るために見積書の提出が必要です。

For any purchase costing 50,000 or more, you must submit an estimate to receive approval.

⑤ この新しい印刷機は税込77,000円もしました。

This new printer cost me as much as 77,000 yen including tax.

2. 日常の金額（10万円以上）を英語を言ってみましょう。

（解答はp.164）

005

① 10万円以上の購入には、相見積もりが必要になります。

You must request competitive quotes before you proceed with any purchases over 100,000 yen.

② 政府はすべての国民に生活支援として10万円を給付した。

The government provided 100,000 yen to all citizens to support their livelihood.

③ この中古車は25万円だったのですが、わたしは妥当だと思います。

This second-hand car cost me 250,000 yen, which I think is moderate.

④ 彼は新しいビジネススーツに15万円費やした。

He spent 150,000 yen on his new business suit.

⑤ 新しい高スペックのサーバーが東京事務所に入ったが、77万円かかった。

A new high-spec computer server was installed in our Tokyo office, and it cost 770,000 yen.

3. 日常の大きな数字に関する表現（金額以外）を英語で言ってみましょう。

（解答は p.164）

006

① 組織全体で1万人以上の従業員が働いています。

There are more than 10,000 employees working in our entire organization.

② この1万平方メートルの土地に工場を建てることに決定した。

We decided to build a factory on this 10,000-square-meter piece of land.

③ 我々の競合会社が誤って10万人の顧客の個人情報を流出してしまった。

Our competitor accidentally leaked its 100,000 customer's personal information.

④ その会社のCMはYouTubeで約67万回再生されていた。

The company's commercial message was played about 670,000 times on YouTube.

Unit 3
ミリオネアは百万長者それとも億万長者？

1000 の次のコンマは 100 万、つまり million。

Pre-Questions

🔊 007

下記の数字を、音声の案内に従って 10 秒以内に言ってください
（10 秒すると音声で解答が流れます）。

① **1,000,000**

② **2,500,000**

③ **3,330,000**

④ **4,150,000**

⑤ **2,222,000**

正解
① one million
② two million, five hundred thousand
③ three million, three hundred thirty thousand
④ four million, one hundred fifty thousand
⑤ two million, two hundred twenty-two thousand

10,000、100,000ときたので、次は1,000,000の位に話を進めていきたいと思います。ここで注目すべきは、一の位から数えて、ふたつ目のコンマが出てきているということです。このふたつ目のコンマをmillionと読むことにします。

そういえば、いまから十数年前、『クイズ$ミリオネア』というTV番組が流行ったの覚えていますか。司会者がたびたび言っていた「ファイナル・アンサー」という台詞で一世を風靡した（？）のは記憶に新しいと思います。

実はこの手の番組は日本だけではなく、海外でも放送されていて、英語のタイトルは*Who Wants to Be a Millionaire?*（直訳：「億万長者

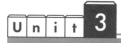

になりたいのは誰だ？」）でした。オリジナルの英国版では、クイズ賞金の最高額がone million poundsであったため、millionaireという言葉が使われたとされています。

コンマがふたつになっても読み方のルールは一緒

さてthousandから3桁進んだコンマをmillionと呼ぶことはわかっていただけたかと思いますが、例えば、1,348,000のような場合、どのように読むのでしょうか。

ふたつ目のコンマをmillionと読んだ後は、Unit 1、Unit 2で紹介した通りに、英語で読んでいけばよいわけです。これまで学習してきた通り、1,348,000を読む場合には、One million, three hundred forty-eight...と読み、次のコンマのthousandを読みます。これを、one million, (and) three hundred forty-eightと読んでしまうと、1,000,348と英語では認識されてしまいますので、thousandも忘れずに読んであげてください。

それでは、練習問題として、お金にまつわる例文を読みながら、millionの感覚を一緒に肌で感じていきましょう。

ミニコラム　millionaireは「百万長者」か？

millionaireがmillionという数字の単位からきている言葉だということは想像に難くないはずですが、日本語では「億万長者」と訳されることが多いです。ここに違和感を感じる方も少なくはないでしょう。millionという言葉自体は1,000,000を意味しますから、millionaireを忠実に訳すのであれば「百万ドル長者」となります。日本円に換算すると、だいたい1億円になるので、「億万長者」という日本語の感覚にぴったりあいますね。

練習問題

1. お金にまつわる英文を下線部に注意して発音してみましょう。スペルアウトを確認したら、音声を聞きスラスラと言えるまで声に出して言ってみましょう。 （解答は *p*.164）

🔊 008

① 今、100万円がもらえるとしたらどうしますか？

What would you do if you were given 1,000,000 yen right now?

② もし大学生の頃、200万円がもらえていたとしたらどうしていましたか。

What would you have done if you had had 2,000,000 yen when you were a university student?

③ よくあるアドバイスとして、20代のうちに350万円を貯金したほうがよいと言われてます。

It is often advised that you save 3,500,000 yen in your 20s.

④ 日本人男性の平均的な年収は、約554万円であると言われています。

The average income for Japanese male employees is said to be about 5,540,000 yen per year.

⑤ 彼のこの新車は773万円もした。

This new car cost him as much as 7,730,000 yen.

次は、金銭ではなく、統計データなどにまつわる大きな数字で、100万の感覚をつかんでいくことにしましょう。

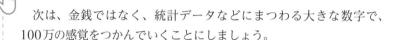

2. 統計データなどの英文を下線部に注意して発音してみましょう。スペルアウトを確認したら、音声を聞きスラスラと言えるまで声に出して言ってみましょう。 （解答は p.164）

009

① 統計によると、ロンドンの人口は約 900 万人である。

According to statistics, the population of London is about 9,000,000.

② 300 万人以上の市民がデモに参加した。

More than 3,000,000 citizens participated in the public demonstration.

③ 日本は、伝統的に八百万の神々の土地であると言われてきた。

Japan is traditionally said to be “the land of 8,000,000 gods”.

④ 太陽の直径は、およそ 139 万 2700 キロメートルと推定されている。

The diameter of the sun is estimated to be approximately 1,392,700 kilometers.

⑤ 新しく発見された病気の感染者数はすでに 900 万人以上にも上る。

The number of patients infected with the newly discovered disease already amounts to over 9,000,000.

100万以上の桁は、数字として英語で読める能力も大変重要ですが、そのような数字が使われるコンテクストを理解しているということが助けになります。

また、今回は教材という性質から、算用数字を使って示していますが、例えば、100万や800万のように区切りのよい数字を示す際には、one million、eight millionなどのようにスペルで書くということのほうがより一般的で、またこのようにスペルアウトすることで、読みやすくもなります。

Unit 4

1000万、1億をクリアする

1000万と1億の表現の仕方をマスターしよう。

Pre-Questions

010

下記の数字を、それぞれ英語で読んでください。その後、音声を聞いて数字のスペルアウトを確認してください。

① **1,345,000**

② **10,000,000**

③ **100,000,000**

④ **25,105,000**

⑤ **634,560,000**

正解 ① one million, three hundred forty-five thousand
② ten million
③ one hundred million
④ twenty-five million, one hundred (and) five thousand
⑤ six hundred thirty-four million, five hundred (and) sixty thousand

100万＝millionをクリアした後は、次のふたつの位を制覇しましょう。日本語で言えば、「1000万」と「1億」にあたる位になります。

たとえば、「年収1000万円」とか、「人口1億人」のように、ニュースやビジネスなどの文脈でも、このふたつの桁が登場することは多いのではないでしょうか。

まずは1000万の桁をクリアします。算用数字で表せば、10,000,000です。一の位から数えて、ふたつ目のカンマの前に10という数字が現れていますね。したがって、これまでの読み方を応用して、ten millionと読めばOKです。

今回はキリのよい数字を扱っていますが、残りの桁にも数字が出てきた場合は、読み方は今まで習学してきた通りです。落ち着いて読んでいくようにしましょう。

練習問題

1. 1000万の位の数字の問題です。音声の後に続いて下線部に注意しながら、以下の英文を発音してみましょう。数字のスペルアウトを確認したら、音声を聞きながら英文を声に出して言ってみましょう。
(解答は p.165)

011

① 30代のうちに1000万円貯金しなさいと言われます。
It is advised that you save 10,000,000 yen in your 30s.

② 統計によれば、年収1000万円以上を稼ぐ人の割合は5%しかいないと言われている。
Statistics suggest that only 5% of employees in Japan can earn 10,000,000 yen or more in annual income.

③ 2021年現在、東京の人口は1396万人であると推定される。
The population of Tokyo was estimated to be approximately 13,960,000 as of 2021.

④ 首都圏の新築分譲マンションの平均価格は6360万円である。
The average price of a newly built condominium in the Tokyo metropolitan area is 63,600,000 yen.

⑤ 国葬の総額費用は1000万ドルを超えないことが予想されている。
The overall cost of the state funeral is not expected to exceed 10,000,000 dollars.

1億の桁を算用数字で表せば、100,000,000です。ここまで桁が多くなってくると、ちょっと焦ってしまいますが、そんな時こそ基本に立ち戻って攻略していきましょう。一の位からふたつ目のカンマの前に100という数字が現れていますね。したがって、one hundred millionと読めればOKです。

練習問題

2. 1億の位の数字の問題です。音声の後に続いて下線部に注意しながら、以下の英文を発音してみましょう。数字のスペルアウトを確認したら、音声を聞きながら英文を声に出して言ってみましょう。

（解答は *p*.165）

012

---

① 宝くじで 1 億円当たったらどうしますか。

What would you do if you won 100,000,000 yen in the lottery.

---

② 日本の人口は 2052 年までに 1 億人以下になると予想されている。

The population of Japan is expected to go under 100,000,000 by 2052.

---

③ 2020 年現在、日本の人口はおよそ 1 億 2600 万人であると推定される。

The population of Japan as of 2020 was estimated to be approximately 126,000,000.

---

④ 今日、英語のネイティブスピーカーの数は 3 億 7000 万人を超える。

The number of native speakers of English in today's world exceeds 370,000,000.

---

⑤ 今日の世界でも、およそ 8 億 2800 万人の人がいまだに飢えに直面していると言われている。

Even in today's world, about 828,000,000 people are said to face hunger.

いかがでしたか。最初は桁数の多い数字に圧倒されてしまうかもしれませんが、落ち着いてひとつずつ桁をクリアしていけば、大丈夫です。

それでは、次の3つめの問題は1000万と1億の桁を含む、練習問題です。こちらも落ち着いて、一つひとつクリアしていってください。

3. このUnitの最後は、大きな数字の総合問題です。下線部に注意して発音してみましょう。数字のスペルアウトを確認したら、音声を聞きながら英文を声に出して言ってみましょう。

(解答は p.165)

013

① 大学生の頃、もし1億円あったら何をしていましたか。

What would you have done if you had had 100,000,000 yen when you were in university?

② 一般的に、35歳になるまでに、2000万円貯金することはかなり難しい。

Generally speaking, it is quite challenging to save 20,000,000 yen before you turn 35 years old.

③ 日本で年収5000万円以上を稼ぐ人の割合は0.1%しかいないと言われている。

Only 0.1% of people in Japan can earn 50,000,000 yen or more in annual income.

④ トルコの人口は2020年現在、およそ8434万人である。

The population of Turkey as of 2020 was approximately 84,340,000.

⑤ この都心にある新築分譲マンションの価格は8989万円である。

The price of this newly built condominium in the central area of Tokyo is 89,890,000 yen.

⑥ 2020年現在、合衆国の人口はおよそ3億2950万人であると推定される。

The population of the US as of 2020 was estimated to be approximately 329,500,000.

⑦ 今日、スペイン語のネイティブスピーカーの数は4億8000万人を超える。

The number of native speakers of Spanish in today's world exceeds 480,000,000.

Unit 5
世界の総人口 80 億人

1000 万と 1 億の表現の仕方をマスターしよう。

Pre-Questions

014

下記の数字を、それぞれ英語で読んでください。その後、音声を聞いて数字のスペルアウトを確認してください。

① **10,000,000**

② **100,000,000**

③ **1,000,000,000**

④ **1,402,000,000**

⑤ **21,479,000,000**

正解
① ten million
② one hundred million
③ one billion
④ one billion, four hundred (and) two million
⑤ twenty-one billion, four hundred seventy-nine million

「1000万」と「1億」の位を制覇しました。もう、ここまで学習が進んでくると、日常レベルでは、かなり多くの数字にまつわる情報を英語で言えるということになります。

では、よりビジネス・レベルでの会話を念頭に入れ、さらに多くの数字にまつわる情報を扱えるようになるために、このUnitのタイトルにあるような「世界の総人口」を表現する場合必要な、「一の位から3つ目のコンマ」の言い方を勉強していきましょう。

millionから、三桁位が上がって、次のコンマはbillionと読むことにます。算用数字で表せば、1,000,000,000となります。コンマも3つですし、3つずつのカタマリも3つあります。thousandから数えてふたつ目のコンマ、ということで、bi＝2を表す、billionを使います。日本語では「10億」に当たる言葉です。

もしかしたら、日本語よりも英語のほうが数字が読みやすいのではないか、と思った方もいるのでは？　そうです、数字に限らず、ルールさえきちんと覚えてしまえば、恐れることはないのです！

それでは、このbillionの桁に慣れるために、練習問題に挑戦しましょう。復習も兼ねて、あえてbillionより下の桁も登場しますので、混乱しないようにひとつずつ確実にクリアしていってください。

練習問題

1. billion の桁の練習です。音声の後に続いて下線部に注意し英文を発音してください。数字のスペルアウトを確認して、英語だけ見て意味を理解しながらすらすら言えるまで、声に出して練習しましょう。

（解答は *p.*165）

015

① 今の時代、40 代で、1 億円貯金していることが理想かもしれない。
Today, it may be ideal for you to save 100,000,000 yen in your 40s.

② 宝くじで 10 億円が当たったら、どうしますか。
If you won 1,000,000,000 yen in the lottery, what would you do?

③ 2022 年現在、世界の人口は約 80 億人である。
The world population was estimated to be approximately 8,000,000,000 as of 2022.

④ 世界で英語を話す人は潜在的に 17 億人以上いると言われている。
It is said that over 1,700,000,000 people in the world can potentially speak English.

⑤ インドの人口は、2023 年には 14 億 2500 万人を超え、世界で一番人口の多い国になるだろう。
By 2023, India's population will have reached over 1,425,000,000, making it the most populous country in the world.

練習問題

桁が上がってくると、それだけ読まれる数字も多くなってしまいます。そこで、例えばニュース番組などでは、視聴者が数字を正しく理解しやすいように工夫して読むことがあります。

たとえば、「81億」の場合、eight billion, one hundred millionと読むことができるわけですが、特にbillion以上の桁になった場合には小数点を使って、eight point one billionと読むことがあります。桁がひとつ上がって、「100億」という場合には、これまでのルールに従ってten billionと読めればOKです。ですが、「105億」のようにbillionの下の桁にも数字がある場合には、ten billion, (and) five hundred millionと読むことになります。その場合、簡潔にten point five billionという読み方もします。1,000億はhundred billionになります。

また、余談ですがニュースなどで、「1億」を表現する場合には、もちろんone hundred millionとも言いますが、(zero) point one billionという言い方をする場合もあります。

2. 10～1000億の位の数字の練習です。音声の後に続いて下線部に注意し英文を発音してください。数字のスペルアウトを確認し、英語だけを見て意味を理解しながらすらすら言えるまで、声に出して練習しましょう。 （解答は *p.*165）

016

① インドの人口は2022年現在、14億人を超えている。

The population of India had already surpassed 1,400,000,000 as of 2022.

② 世界の総人口は2022年には80億人に達した。

The world population reached 8,000,000,000 in 2022.

③ 今世紀中に、世界の人口は100億人を超えるだろう。

The world population will reach over 10,000,000,000 within this century.

④ 世界にはおよそ 11 億人のヒンドゥー教徒がおり、世界で 3 番目に人口の多い宗教となっている。

There are approximately 1,100,000,000 Hindus, making it the third-largest religion in the world.

⑤ その IT 企業はこの国に 1000 億円の投資をし、首都の郊外に巨大なデータセンターを開設する。

The IT company will invest 100,000,000,000 yen in this country and build a gigantic data center in the suburbs of the capital city.

コラム　イギリス英語で billion が意味するものは？

アメリカ英語とイギリス英語は、どちらも英語ではありますが、発音が異なったり、同じ単語でも意味するものが違ったりすることがあるというのはよく知られています。

例えば、schedule はアメリカ英語では「スケジュール」と読まれますが、イギリス英語では「シェジュール」と読む場合があります。また、同じ単語でも意味するものが違ったりします。例えば、the first floor はアメリカ英語では建物の 1 階を意味しますが、イギリス英語では 2 階の意味になります。（イギリス英語で 1 階は the ground floor です。）

実は、イギリス英語で billion というと、1974 年前後までは「10 億」のことを指す場合と、「1 兆」のことを指す場合のふた通りの解釈が混在していた時期があったようです（「10 億」のことを指す場合には、thousand million という言い方をしていた時期もあったそうです）。が、現在グローバル化が進む中で、国際商取引などの都合から表現を統一していこうという動きがあり、今現在では billion を 10 億として解釈し、thousand million という言い方をすることはなくなったようです。これも、世界がグローバル化して、英語が簡略化されてきているということの現れなのかもしれません。

Unit 6

数字にまつわる語源

大きな桁の数字は語源をおさえて理解しよう。

Pre-Questions

017

下記の数字を、それぞれ英語で読んでください。その後、音声を聞いてスペルアウトを確認してください。

① **12,000,000**

② **246,455,000**

③ **98,654,567**

正解 ① twelve million
② two hundred forty-six million, four hundred fifty-five thousand
③ ninety-eight million, six hundred fifty-four thousand, five hundred sixty-seven

これまで登場してきた、大きな桁のうち、million（100万）、billion(10億)という数字は、比較的いろいろな場面で見ることのある数字です。三桁ずつ区切って分けて読んでいくことで、むしろ日本語よりも簡単に読むことができるのでは？　と感じてくださった方も決して少なくないでしょう。

英語の数字に対する苦手意識は少し克服することができましたか？

では、さらに3桁上がって、「1兆」を表現するためには、どうすればいいのでしょうか。millionときて、次がbillion、あれ？　そう言えばその次は？　と思った方もいるでしょう。大きな数字になればなるほど、やはり親しみのない表現が出てきますので、まずはまとめて紹介してみたいと思います。

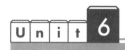

thousand: 1,000 (1千)
million: 1,000,000 (100万)
billion: 1,000,000,000 (10億)
trillion: 1,000,000,000,000 (1兆)
quadrillion: 1,000,000,000,000,000 (1000兆)
quintillion: 1,000,000,000,000,000,000 (100京)

Quiz: ①~⑤の音声を聞いて、それぞれの数字の発音を確認してください。 018

京という桁までは、もしかしたらスーパーコンピュータの計算速度というようなコンテクストの中で、仕事柄目にするという方もいるかもしれません。しかし、それ以上の数字を扱うということは日常生活の中ではあまりないかもしれません。

ですが、数え方のルールをある程度知っておくと、英語の数字という概念が少し身近になるはずです。実は英語の大きな桁の数字を扱うコツは、実は関連する英語の語源を押さえておくことなのです。

数字に関して、知っておきたい英語の語源

英語の数字に関する語源は、難しそうと思う方もいるかもしれませんが、実はその考え方は多くの皆さんにとって馴染みのあるものなのです。

まずは、知っておきたい数字に関する英語の語源を紹介しておきましょう。

スペルアウト ① 200万＝two million ② 30億＝three billion ③ 5兆＝five trillion ④ 2000兆＝two quadrillion ⑤ 100京＝one quintillion

019

数字	ギリシャ語由来	ラテン語由来
1	mono	uni
2	di	bi
3	tri	tri
4	tetra	quadra
5	penta	quinque
6	hexa	sex
7	hepta	sept
8	octa	oct
9	nona	nona
10	deca	deca

もしかしたら、高校の世界史の授業などで、英語にはギリシャ語由来の単語と、ラテン語の単語が混ざっているという話を聞いたことがある方もいるでしょう。その両方をリストしたものが、上の表になります。

monoという言葉はmonoculture モノカルチャー（単一文化）、monolingual モノリンガル（1カ国語を話す人のこと）などでよく知られている1を表す言葉です。uniというのも、unit(単位)やunicorn（ユニコーン〔ひとつの角を持った空想上の生物〕)、unicycle（一輪車）などの言葉で知られている1を示す言葉です。millionの位を基準に大きな位を教えていくわけですが、ここで語源の知識が役に立ちます。

では、millionの位の次のコンマは何と読みましたか？（復習です)。そうです、billionですね。biという言葉は、たとえば2カ国語を話す人という意味のbilingualや、二輪車bicycleなどでよく知られている接頭辞です。

では、その次のコンマは何でしょう。3を表す語源としてよく知られているのはtriで、たとえばtriathlon（三種混合競技）や、trident（三叉の槍）、または3倍という意味のtripleなどを想像して、trillion（1兆）を思い出すとよいのではないでしょうか。

4を表す言葉はquadraですが、クアトロという言葉を聞くと、4種類の味が同時に楽しめる宅配ピザのことを想像する方も決して少なくはないのではないでしょうか。ここから、millionの4つ先のコンマにあたる、quadrillion（1000兆）を想像することができます。5はquinqueですが、音楽用語の五重奏を指す、クインテット（quintet）は聞いたことがある方もいるでしょう。6を指す言葉は、hexa、sex(a)です。hexagonは6角形のことを指す言葉ですが、以前6名の対抗戦でクイズ競技をしていた、TVクイズ番組に『クイズ！ ヘキサゴン』がありました。これを思い出せばよいでしょう。

さて、左ページ表の7以上の数字をよーく見てみてください。それぞれ、なんとなく、September（9月）、October（10月）、November（11月）、December（12月）を想像させるような語源だと感じませんか。現在、月を表すのに、太陽暦（the solar calendar）が用いられていますが、旧暦の太陰暦（the lunar calendar）の頃は、今よりざっと2カ月ほどずれていたのだそうです（＊諸説あり）。septは旧暦の7 (9－2)を考えてください。octoは旧暦の8月ですので、その次になります。ちなみに、Octopusは足が8本の生き物ですから、こちらを想像してもよいでしょう。non(a)はNovemberです（英語のnineになんとなくスペルが似ていますね）。最後はDecemberを想像して、deca（英語の「10年」を表す言葉はdecadeですね）が10だと確認してもよいでしょう。

いかがでしたか。このように英語の語源を身近なものと絡めながら想像していくことにより、桁の大きい数字も覚えやすくなりますね。なお、5角形、6角形などの多角形については、Part 3のUnit 3で触れることにしますが、そこでもこの語源の話を覚えていると役に立ちますよ。

ミニコラム 「京」の先にある数の単位は？

京ぐらいまではギリギリ聞いたことがある方もいるかもしれませんが、この桁を超えた先は、もはや日本語でも表現の仕方がわからないという方のほうが圧倒的多数ではないでしょうか（ちなみに、わたしもわかりません）。ですが、英語の場合、語源のツボを押さえていれば、後の桁は三桁ごとに区切っていけばいいので、逆に言いやすいと感じる方も多いようです。以下、sex(t)=6 から、deci(deca)=10 まで紹介してみます。

sextillion: 1,000,000,000,000,000,000,000 (10 垓〔がい〕)

septillion: 1,000,000,000,000,000,000,000,000 (1 秭〔じょ〕)

octillion: 1,000,000,000,000,000,000,000,000,000 (1000 秭)

nonillion: 1,000,000,000,000,000,000,000,000,000,000 (100 穣〔じょう〕)

decillion: 1,000,000,000,000,000,000,000,000,000,000,000 (10 溝〔こう〕)

練習問題

下記の数字を、それぞれ英語で読んでください。その後、音声を聞いてスペルアウトを確認してください。

1. 一番大きい桁以外はゼロで、単位がわかりやすい数の数字を言ってみましょう。（解答は *p.*166）

020

① **2,000,000**

② **3,000,000,000**

③ **5,000,000,000,000**

④ 2,000,000,000,000,000

⑤ 1,000,000,000,000,000,000

2. 以下の大きな数字を、英語で読んでみましょう。
（解答は *p*.166）

021

① 63,455

② 463,560

③ 890,304

3. 100 万以上の大きな数字を読んでみましょう。
（解答は *p*.166）

022

① 3,463,455

② 98,654,567

③ 4,567,809,876

④ 234,567,098,761

⑤ 8,109,746,995,259

Unit 7

よく目にする大きな数字をクリアする

ニュースなどで耳にする大きな位の数字を中心に練習しよう。

Pre-Questions

🔊 023

音声を聞き、下線部をディクテーションしてください。算用数字とスペルアウトの両方を書きましょう。正解を確認したら、音声を聞きながら、英文を見て声に出して言ってみましょう。

① Today, the population of Japan is approximately __________ .

② As of 2022, the GDP of Japan was nearing ________________ yen.

③ It is said that the sun is already ____________ years old.

正解
① 126,000,000 one hundred twenty-six million
② 600,000,000,000,000 six hundred trillion (yen)
③ 4,500,000,000 four point five billion or four billion five hundred million (years old)

このUnitでは、ニュースなどでよく目にする大きな数字を英語で言う練習をしていきます。大きな数字に対する苦手意識を克服するためには、身近な大きな数字をできるだけ英語で言ってみるトレーニングを通して、ざっくりとした感覚を掴んでいくことです。

ここでは、特にmillion、billion、trillionを中心に取り上げます。最初は時間がかかってもかまいません。

日本語で読んだ数字を英語に置き換えよう、と努力するのではなく、本書でこれまで紹介した英語の数字を読むシステムに従って、「できるだけ英語で考えて、読む」ということを習慣づけてみてください。

練習問題

1. 日常で目にする例文を使って、まずは thousand の位をクリアしましょう。音声を聞き、下線部をディクテーションしてください。算用数字とスペルの両方を書きましょう。正解を確認したら、音声を聞きながら、英文を見て声に出して言ってみましょう。

(解答は *p*.166)

024

① 言語学者たちは、世界にはおよそ6,900語の言語が存在していると考えている。

Linguists believe there are approximately ________________ existing in the world.

② 歴史研究によると、縄文時代は10,000年ほど続いたとされる。

Historical research suggests the Jomon period of Japan lasted about ____________

③ この大学の図書館の蔵書は約80万冊に及ぶ。

The number of books in this university's library is _________ ____________.

④ 東京には25万社以上の企業があると言われる。

It is reported that there are more than ________________ in the Tokyo area.

⑤ この動画はYouTubeで53万回以上再生されている。

This video has been viewed more than _______________ on YouTube.

最初のコンマはthousandと読むことにします。大きな数字を上手に読むコツは、このコンマに着目することです。

練習問題

2. 次は 2 個目のカンマ million です。音声を聞き、下線部をディクテーションしてください。算用数字とスペルの両方を書きましょう。正解を確認したら、音声を聞きながら、英文を見て声に出して言ってみましょう。 （解答は *p*.166）

025

① 個人資産が 100 万ドル以上の人はミリオネアと呼ばれる。

A person whose assets are worth ________ or more is called a millionaire.

② ニューヨーク市には、およそ 850 万人の人が住んでいる。

There are approximately ______________ living in New York City.

③ 2020 年の時点で、東京の人口は 1300 万人以上である。

As of 2020, the population of Tokyo was over _____________ .

④ この音楽は TikTok で 1 億回以上再生された。

This music has been played over _______________ on TikTok.

⑤ 英語の母語話者は 3 億人以上いると見積もられている。

The number of native speakers of English is estimated to be more than ____________.

数字が大きくなってくると一瞬焦ってしまいがちですが、まずはコンマの数がいくつあるのかを見極めることが鍵です。ひとつならthousand、ふたつならmillionです。

millionを攻略してから、一度落ち着いてthousandの位を読むようにすると気持ちの面で楽でしょう。

3. 次は billion の位に挑戦してみましょう。音声を聞き、下線部をディクテーションしてください。算用数字とスペルの両方を書きましょう。正解を確認したら、音声を聞きながら、英文を見て声に出して言ってみましょう。 (解答は *p.*166)

026

① 統計によれば、世界では約15億人が英語を話すと言われている。

There are about ____________________ in the world speaking English, according to statistics.

② 2022年現在、世界の人口は80億人以上に上る。

As of 2022, the population of the world amounted to over ____________________.

③ 10億光年の彼方から、重力信号波を検出することができた。

We could detect a gravitational wave signal coming from ____________________ away.

④ 人の一生を約80年として、それは約25億秒もの長さになる。

One has about eighty years to live, which is as long as ____________________.

⑤ そのCEOは恵まれない子どもを救うため、100億ドルを今日寄付したと報じられた。

It was reported that the CEO donated ____________________ today to save poor children.

billion以上の大きな数字を扱うときのコツは、コンマの数を数えることも大事ですが、それがどういう文脈で使われる傾向があるかということを理解しておくことです。

10億以上の数字としてよく使われるのは人口、国家予算規模の財政に関するもの、または天文学などが多く、その多くはニュースなどで「驚愕の事実」を伝えるのに用いられます。

練習問題

4. 次は billion の位に挑戦してみましょう。音声を聞き、下線部をディクテーションしてください。算用数字とスペルの両方を書きましょう。正解を確認したら、音声を聞きながら、英文を見て声に出して言ってみましょう。 （解答は *p*.167）

027

---

① 日本の制服市場は年間 1 兆円以上になります。

The uniform market in Japan is worth more than ______________________ yen annually.

---

② 宇宙にはおよそ 2 兆個の銀河が存在していると見積もられる。

There are estimated to be around ______________________ galaxies existing in the universe.

---

③ 人間の腸内には 100 兆個の細菌が住んでいるという医者もいる。

Some doctors say there are ______________________ bacteria living in the human intestines.

---

④ 最近、スーパーコンピューターを使えば、円周率を 60 兆桁まで計算することさえできる。

Nowadays, supercomputers can even calculate ______________________ digits of pi.

---

⑤ 科学者たちは、海に漂っているプラスチックごみは約 3640 ポンド（の量）になると推定している。

Scientists estimated that about ________________ pounds of plastic garbage float in the ocean.

この桁の数字になると、複雑な数字にはならず、1兆、20兆などのようにきっかりとした数字として扱われることが多くなります。また、ニュース記事などでは算用数字では表さずに、one trillionや20 trillionなどのようにスペルで表記し、紙面の節約を図ると言うこともよく行われます。聞いたときにtrillionは「兆」を表す言葉であることがすぐわかるようにしておきたいものです。

まとめ よく目にする大きな数字を英語で言うためには？

本書で繰り返し説明してきたとおり、大きな数字を扱う際には億劫にならずに、まずは3つずつくらいをまとめていくことが最初のステップです。最初のカンマはthousand、次はmillion、その次はbillion...というように。

大きな数字を扱う際の、もうひとつのポイントは、それらの数字が使われる文脈をあらかじめ想定しておくということです。例えば、millionやbillionは人口に関する文脈で使われることが多いです。もっと数字が多くなってくれば、天文学的な数字などのように「驚愕の事実」として用いられることが多くなるでしょう。

また、trillion以上の桁を扱う場合には、それほど複雑な数字として扱われることは少なくなり、比較的区切りのいい数字を扱う場合に用いられることが多くなります。「trillion＝兆」というのは覚えやすいので、ここはぜひ丸暗記しておきたいところです。

このユニットは、次に進むための大事な布石になります。まだ学習内容に不安が残る方は、このユニットを何度も繰り返して覚えて、数字が口をついて出るようになるまで練習してみましょう。

Part 1 トレーニング問題

1. 音声の後に続いて、下線部に注意して次の英文を発音してください。

（スペルアウトは *p*.167）

028

① 彼女は友人の結婚式のご祝儀として5万円を包んだ。

She gave 50,000 yen for her friend as a wedding gift.

② 5万円以上の購入品の場合は、見積もりの提出が必要です。

Any purchases higher than 50,000 yen require the submission of a proposal.

③ 10万円以上の購入品には、最終的な承認を得るために2種類の見積書の事前準備が必要です。

For any purchase costing 100,000 yen or more, you must prepare in advance two kinds of proposals to receive final approval.

④ 私の新しいビジネススーツは税抜48,700円もしました。

My new business suit cost me as much as 48,700 yen before tax.

⑤ その地方自治体は住民に5万円分のギフト券を給付した。

The local government provided the residents with gift certificates equivalent to 50,000 yen.

⑥ そのコングロマリット全体では、3万8000人以上の従業員が働いています。

There are more than 38,000 employees working in the entire conglomerate.

029

⑦ この中古家電は12万円だったのですが、わたしは高すぎると思いました。

This second-hand appliance cost me 120,000 yen, which I thought was too expensive.

⑧ 彼は仮想通貨の投資で43万円無駄に費やしてしまった。

He spent 430,000 yen on his investment in vain in cryptocurrency.

⑨ 福岡事務所のサーバーの定期メンテナンスで、毎年56万9000円かかる。

The regular maintenance of the computer server in our Fukuoka office costs 569,000 yen annually.

⑩ この100万平方メートルの敷地に大型商業施設を建てることに決定した。

We decided to build a large shopping complex on this 1,000,000-square-meter property.

⑪ サイバー攻撃によって病院の114万人の患者の個人情報が流出してしまった。

The personal information of 1,140,000 hospital patients was leaked due to a ransomware attack.

⑫ そのインフルエンサーの動画はTikTokで186万7000回再生されている。

The influencer’s video was played 1,867,000 times on TikTok.

2. 日本語を参考に音声を聞き、下線部をディクテーションしてください。下線部分に算用数字、(　　) の中にスペルを書きましょう。正解を確認したら、発展トレーニングとして、声音を聞きながら、英語を見て声に出して言ってみましょう。 (解答は *p.*167)

030

① 統計によると、2021年現在、ニューヨークの人口は約846万8000人である。

Statistics reveal that the population of New York City was ______________ as of 2021.

(　　　　　　　　　　　　　　　　　　　　　　　　　)

② ある調査によれば、2019年現在、日本の富裕層にあたるのは約132万7000世帯で、全体の約2.5%である。

According to a survey in 2019, ____________________ households were in the wealthy category in Japan, which is only 2.5% of the population.

(　　　　　　　　　　　　　　　　　　　　　　　　　)

③ そのスポーツイベントの経済効果は1000万ドル以上であると予想されている。

The overall economic impact of the sporting event is expected to exceed ________________.

(　　　　　　　　　　　　　　　　　　　　　　　　　)

④ 今の時代、老後の資金として年金とは別に2000万円必要であるとされる。

Today, you are expected to save _____________, apart from your pension, for your post-retirement life.

(　　　　　　　　　　　　　　　　　　　　　　　　　)

031

⑤ 上海の人口は約2600万人であると推定される。

The population of Shanghai is estimated to be

_______________________.

(　　　　　　　　　　　　　　　　　　　　　　　　　)

⑥ ウクライナの人口は2021年現在、およそ4381万人である。

The population of Ukraine as of 2021 was

_______________________.

(　　　　　　　　　　　　　　　　　　　　　　　　　)

⑦ その有名な歌手は、約1億5300万ドルで別荘を購入した。

The famous singer purchased a villa for ___________

______.

(　　　　　　　　　　　　　　　　　　　　　　　　　)

⑧ 金融資産を5億円以上持っている人々は、今日、超富裕層であると言われる。

Those who possess the financial assets of _______________ or over are said to be super wealthy in today's world.

(　　　　　　　　　　　　　　　　　　　　　　　　　)

⑨ 2021年現在、ブラジルの人口はおよそ2億1400万人であると推定される。

The population of Brazil as of 2021 was estimated to be _______________________.

(　　　　　　　　　　　　　　　　　　　　　　　　　)

032

⑩ ポルトガル語のネイティブスピーカーの数は2億5000万人を超える。

The number of native speakers of Portuguese exceeds ___________.

(   )

⑪ 2022年11月現在、世界の人口は80億人以上である。

The population of the world exceeded ____________ ___________________.

(   )

⑫ 中国語を話す人は潜在的に14億人以上いると言われている。

It is said that _______________________ can potentially speak Chinese.

(   )

⑬ カトリック教徒の人口は、13億4400万人以上で、世界で一番ポピュラーな宗教のひとつとなっている。

The number of Catholics in today's world is ____ _____________ making it one of the most popular religions.

(   )

⑭ 今世紀中に、世界の人口は100億人を超えるだろう。

The world population will reach __________________ within this century.

(   )

🔊 033

⑮ 現在、私たちの宇宙の年齢は約138億歳と言われている。

Now, our universe is estimated to be ______
________________________.

(　　　　　　　　　　　　　　　　　　　　　　　　)

⑯ その商社はこの国に2000億円の投資をし、スカンジナビア半島で油田を開発するだろう。

A trading company will invest ________________
in the development of oil fields in the Scandinavian Peninsula.

(　　　　　　　　　　　　　　　　　　　　　　　　)

コラム　数字と一緒に使われる「K」と「M」って何？

数字と一緒に、「K」と「M」というアルファベットが使われているのを目にしたことがありませんか？

大きな数字を表す際に、算用数字のすべての桁を書いていると、スペースを取ることになってしまいます。この「K」と「M」は、特にお金を表す際、数字の単位を表しています。

K：1,000

M：1,000,000

「K」は “kilo”、「M」は “million” から来ています。パソコンの単位の1キロバイトは、1000バイトのことなので、このように連想するとわかりやすいですね。1000を表すときには “thousand” の「T」ではないので注意です。

1Kが1,000なので3Kだと3,000、1Mが100万なので7Mだと700万となります。さらに大きな数字だと、10Mで1,000万、100Mで1億となります。特にこれはお金の数字を表記する際に使われますが、最近ではYouTubeやTikTokの再生回数を、短く表示する際にも使われることが多くなっています。こちらも覚えておくと便利です。

コラム　アメリカで使われる4種類の硬貨とその通称

わたし（佐藤）が初めて渡米したのは、2005年のことです。ミシシッピ州立大学に語学留学をしたのが初めての海外渡航です。さて、現地で生活をしてみて、インチやフィート、オンスやポンドといった慣れない単位に面食らいましたが、実は一番死活問題になると感じたのは、硬貨(coins)の単位です。アメリカには、4種類の硬貨があり、それぞれ、通称があります。

1セントコイン→ **penny**

5セントコイン→ **nickel**

10セントコイン→ **dime**

25セントコイン→ **quarter**

5セントコインの **nickel** とは、材料のニッケル合金製が由来なのだそうです。10セントコインの **dime** は、古いフランス語の“disme”が由来だそうで、これは10分の1という意味（10セントが1ドルの10分の1であることから）なのだそう。また、25セントコインの **quarter** は4分の1という意味を持ち、25セントが1ドルの4分の1であることが由来だそうです。

1セントと5セントには数字が表記されていましたが、10セントコインと25セントコインには10 cents、25 centsなどの数字は見あたりませんでした。その代わり、**one dime**、**quarter dollar** などと記載されています。

最近は自動精算機などが普及しているので、機械が勝手に判別してくれて助かります。ですが、初めて渡米した当時はそのような会計のサービスはなく、長さや重さの単位よりも、まずはこのコインの種類を覚えるのに苦労したのを、今になってしみじみと思い出します（笑）。

Part 2

日常生活の単位と数字

日常生活で頻出する単位の表し方、数字を用いる表現を学ぼう。

Unit 1

時間・重さ・長さの単位を英語で言う

日常生活で頻出するの時間・重さ・長さの単位の表し方をチェックしよう。

Pre-Questions

034

下線部の数字が含まれる表現を、それぞれ英語で表現してください。その後、音声を聞いて正解を確認してください。正解を確認後、音声を聞きながら英文を見て声に出して言ってみましょう。

① **It's 約 1km to the nearest station.**

② **Shipment is free on 5 kg 以上.**

③ **It takes us about 徒歩 7 分.**

④ **You can ride a taxi for ワンメーター 440 円.**

⑤ **We'll get off at 3 番目の駅で.**

正解
① It's **about one kilometer** to the nearest station.
② Shipment is free on **five kilograms or over**.
③ It takes us about **seven minutes on foot**.
④ You can ride a taxi for **a minimum fare of 440 yen**.
⑤ We'll get off **at the third station**.

Part 1は、数字の基本形として、大きな数字に慣れるための練習をしてきました。Part 2では、数字の単位は小さくなりますが、日常の会話の文脈の中で言えそうで言えない表現を中心に取り上げていきたいと思います。

距離を表す表現

距離を表す場合、当然最初に思いつくのはメートルという単位でしょう。英語圏でもメートルという単位は用いられます。meterという語を

用い、読み方は[míːtər]（ミーター）です。距離を表す言葉としてよく使われるキロメートルは[kəlɑ́mətər | kíləmìtər]（キロミター）となります。発音に注意してください。

さて、英語圏でキロメートル以上の距離を表す場合、mile [máil]という単位がよく用いられます。これは、1.6kmに相当します。陸上競技のマイルリレーというのがあります。これは、一周400mの競技場を4人で、計4周することになりますので、1600 m = 1.6 kmであることから、マイルリレーと呼ばれています。

時間を表す表現

時間を表す表現について、minutesやhoursなどが一般的です。例えば、「最寄駅までは7分」などと言いたければ、seven minutes to the nearest stationとなりますし、「電車で2時間」という場合にはtwo hours by trainという表現がすぐに思いつくことでしょう。これ自体はさほど難しいことではありません。

到着時間などを誰かに伝える際、その答えは時間と距離の2通りの表し方があります。例えば、最寄駅まではどのぐらいあるのかを説明する場合、例えば以下のような2通りの表現が浮かぶはずです。

・It's about ten minutes in a taxi. タクシーで10分ぐらいです。
・It's about three miles away. 3マイルぐらいです。

どちらもあり得る説明ですので、しっかり使えるようにしておきたいです。ただし、英語で時間を尋ねたい場合はHow long does it take you...?、距離を尋ねたい場合にはHow far is it...?という表現をそれぞれ使うことになりますので、区別して覚えておいてください。

重さ・長さの単位（ヤード・ポンド法）

メートル法（metric system）では重さの単位は物質の場合には、gram [grǽm]を、液体の場合にはlitre [líːtər]を使います。ですが、アメリカなど、いわゆる「ヤード・ポンド法（imperial units）」を採用している国では、異なる単位が用いられており、このことがmillion、billionに次いで、英語学習者を困らせる原因のひとつとなっています。英語圏ではgramの代わりにounce [áʊns]を使うことが多いです。1オンスは、28.35グラム相当で、16 ouncesで1 pound [páʊnd]です（0.454 kg相当）。

また、「ヤード・ポンド法」を用いている国では、litreの代わりに、液量オンス (fluid ounce, 単位としてはfl. oz.と表記されます)を使うことになります。1 fl. oz.は約29.57 millilitersです。

近年、移民の増加に伴い、スーパーで商品を表示する場合には、ounce/poundとgram/litreを併記することが増えてきているようですが、会話の中では今でもounceやpoundを使うことがよくあります。ounceと言われたら30 g（fl. oz.は約30 ml）、poundと言われたら500 gぐらいを目安に置き換えて、おおよその重さや大きさを想像するようにするとよいでしょう。

続いて、長さの単位を表す一般的なものは、centimeter [séntəmìːtər]、またはmeter [míːtər]です。北米ですと、よくinchとfoot(複数形はfeet)を用います。1 inch = 2.54 centimetersが国際的な基準ですが、わたし（佐藤）は「2インチ＝だいたい5 cm」と考えるようにしています。

footは、その名が示す通り、足（つま先～かかとまでの長さ）を表す表現です。成人男性の長さを基準にしているそうで、1 foot = 30.48 centimetersです。「1 footは30 cmぐらい」と覚えておくと直感的に理解するのに役に立つでしょう。また、2以上のときにはtwo feet, three feetとなりますので、使い方に注意が必要です。なお、3 feet = 1 yardで、1 yard = 91.44 centimetersです。約90cm（1m弱）ですね。これらの単位は、日常的に使って慣れることが大事ですが、それと同時に「英語は外国語なのだから」といい意味で割り切った上で、大体の数値を概算で捉える習慣をつけておくと便利ですよ。

練習問題

以下の下線の単位を「概算」で捉えてください。その後、音声の後に続いて、以下の英文を発音してください。 （解答は *p*.168）

035

① The station is about three miles away.

② Each plastic bottle contains 18 fl. oz. of water.

③ Then, put six pounds of flour on the board.

④ Can I have a foot-long sandwich, please?

⑤ This is a new 27-inch computer display.

⑥ The entrance of the building is about 30 yards away.

ミニコラム　英米で異なるガロン

ヤード・ポンド法では、体積の単位としてガロン（gal）を用います。ですが、このガロン、1（英）ガロン＝約 4.546 L、1（米）ガロン＝約 3.785 Lとなっており、ややこしいのです。覚え方としてよく言われるのは、1 gal = 8 pint（約中生一杯分× 8）です。これも概算で捉えられると、いちいち計算しなくていいので、少しストレスが軽減されますね。

Unit 2
時間で距離を表す表現

日常生活でよく使う距離を時間で表す表現などを学ぼう。

Pre-Questions

036

下線部の数字が含まれる表現を、それぞれ英語で表現してください。音声を聞いて正解を確認したら、音声を聞きながら英文を見て声に出して言ってみましょう。

① Please walk 2歩 to the right.

② move 5歩 forward

③ 10分 away on foot

④ It takes 3日 by car.

⑤ 40マイル per hour

正解
① Please walk **two steps** to the right.
② move **five steps** forward
③ **10 minutes** away on foot
④ It takes **three days** by car.
⑤ **40 miles** per hour

日常生活で、たとえば目的地までのだいたいの距離を説明するシーンなどで数字が活躍することがあります。

たとえば、「徒歩で7分」や、「車で30分」など。このUnitでは、日常生活に登場する距離や時間の表現を紹介していきましょう。

「左に3歩」はどう言うか？

たとえば、イベントのリハーサルなどで立ち位置を確認したいという場合に、「もう左に3歩ずれてください」などの言い方をすることがあると思います。その際に以下のような表現が役に立ちます。

Could you walk three steps to the left?

一歩、二歩の「歩」というのは、stepで表現します。「ステップを踏む」というカタカナ語からも想像しやすい表現ですね。なお、「3歩ずれる」という場合の動詞はwalkです。

また、「左へ」と言う場合は、to the leftと、前置詞toを使います。「右へ」と言いたければto the rightです。

「前進」はどう言うか？

次は、立ち位置などを確認する文脈で、「5歩前進（前に）」という言い方をする場合です。前進の場合はfive steps forwardなどのように、forwardを使います。

ちなみに、「大股」は、strideと言います。マラソン・長距離走には、大きく分けて、歩幅を小さくして小刻みに走るピッチ走法と、大股で走るストライド走法があると言われます。このstrideは「大股」という意味だったのですね。「大股で5歩進む」はfive strides forwardと言います。「一歩後ろに下がる」はone step backwardと言います。

「歩いて10分」の距離を説明するためには？

距離を表す際に、時間を基準に説明をする場合も多々あります。たとえば、「ここから徒歩で10分」とか、「タクシーで30分も飛ばせば」というような場合です。それぞれ、英語で表現すると以下の通りになります。

・It's about 10 minutes away on foot.
・It takes about 30 minutes to get there by taxi.

移動手段を表現する際によく知られているのはbyという前置詞です。たとえば、「車で」、「タクシーで」、「バスで」、と表現する場合には、それぞれby car、by taxi、by busとします。不定冠詞のaはつきません。

この流れから言うと、「徒歩で」というのも移動手段ですから、by walkと言ってしまいそうになりますが、そこはグッとこらえてon footとしましょう。「足に乗って」というニュアンスだと考えるとわかりやすいでしょう。

時間をもとに移動距離を表現する場合によく使われる動詞はtakeです。「take +（人）+ 時間 + 手段（by/on)」の順に並べていくことが一般的です。人は省略されることも多いです。

ミニコラム 移動手段のonとin

移動手段を表すのはbyだけではありません。「車に乗って」、「電車に乗って」と言う場合には、in a car、on a trainという言い方も聞いたことがあるかもしれません。この場合には、冠詞のaやtheと一緒に用いられます。一般的にはonは公共交通（つまり路線上で行き先が元々決められているもの）でよく用いられ、inは車、タクシー、リムジンなど、自分で行き先を決められるものと考えておいて差し支えありません。

「時速40マイル」

最後は時間と距離を一緒に表現する場合を考えてみましょう。たとえば、「時速40マイル以下」のスピードで運転するなどと言う場合、どのような言い方をするのでしょうか。

You must drive under 40 miles per hour.
（時速40マイル以下で運転しなければなりません）

「～以下」を表現するためにはunderという前置詞が用いられます。mileは57ページでも紹介しましたが、英語圏でよく用いられる距離表示で、1.6 kmのことを指します。時速を表す場合には、per hour（毎時）という表現をよく用います。

ミニコラム 「時給で働く」を英語で言うと？

時給制は、日本だけに限った働き方ではありません。英語圏でも、時給で働くとことはよくあります。英語では、pay by the hour という言い方をします。

また、「時給 1,000 円払う」と言う場合には、pay 1,000 yen per hour と言います。

練習問題

音声を聞き、下線部をディクテーションしてください。正解を確認したら、発展練習として音声を聞きながら、英文を見て声に出して言って見ましょう。
（解答は *p.*168）

037

① Could you walk ________________, please?

② Just walk __________ to the table.

③ The station is __________________ from here on foot.

④ It takes _________________ to get to the factory.

⑤ Make sure to drive ___________________ in this area.

Unit 3 料理・調味料の単位と数字を英語で言う

「塩ひとつまみ」や「胡椒を少々」などを英語にしてみよう。

Pre-Questions 038

次の下線部に注意して、それぞれ英語で言ってください。

① 小さじ一杯の soy sauce

② ひとつまみの salt

③ 少々の olive oil

④ ひと瓶の honey

⑤ 一斤の bread

正解
① a teaspoon of soy sauce
② a pinch of salt
③ some olive oil
④ a jar of honey
⑤ a loaf of bread

Part 2のUnit 1では、ヤード・ポンド法を採用している英語圏で使われる長さや重さの単位について触れてきました。今度はounce、pound、fluid ounceのような、主に調理の際に使われる英語の単位や、調味料を表す際によく使われる表現を覚えていくことにしましょう。

大さじ・小さじ？

調味料の配合などの際によく使われる表現として、「塩を小さじ一杯」や「醤油を大さじ三杯」などがあります。これは、英語圏でも同じような表現を使います。

「大さじ」は英語でtablespoon、「小さじ」はteaspoonと表現されます。スプーンの大きさを考えると、イメージしやすいのではないでしょうか。

ミニコラム T、t、tspって何？

英語で書かれたレシピ本などを見てみると、大さじを表すtablespoonのことを大文字のTで表したり、頭文字をとってtbsp/tbsなどと表記していたりします。teaspoonは小文字のt、または頭文字のtspと表現している場合も多いです。

「計量カップ」は英語圏でも同じ？

計量カップmeasuring cupは英語圏でもよく用いられます。

日本の計量カップは1カップ200 mlが基本だそうですが、アメリカでは1カップ8 ouncesです（約237 mlですね）。ここでも、ounce = 約30 g/mlという概算（*p*.58参照）がさっそく役に立ちますね。

ちなみに、イギリスやカナダは1カップ250 mlと1カップの量が若干異なるそうです。

その他「1」を表す調理関係の表現

調理の際に、「1」を表すための表現はよくあります。例えば、「お肉ひと切れ」や「パンひと切れ」など、不可算名詞を扱う場合、中学校英語でもよく見かけるa piece of...という表現を使います。このpieceという表現は、調理に関するさまざまな文脈で使われることになります。

他方、スーパーなどで食材として買う場合には、a piece of breadやa piece of meatではなく、むしろ「パン一斤」や「お肉一枚」を買ったりすることのほうが多いはずです。この場合、パン一斤はa loaf of bread、お肉ひと塊はa lump of meatと言います。

また、調味料などは「ひと瓶」として扱うことがあります。瓶というと、a bottle of...という表現を最初に思いつく方が多いかと思います。ですが、ビンの種類によって英語圏では区別します。

ペットボトルやオイルのボトルのように、先細りになって開けるところが狭いものはa bottle ofとして表現されますが、はちみつの瓶のように寸胴になって、開けるところが広いボトルはa jar of...と、表現が区別されます。

「少々」を表現するには？

「お塩を少々」、「醤油を少々」など、隠し味（secret flavor/secret ingredient）として加えるという場合、どのように表現するのでしょうか。例えば、「お塩をひとつまみ」という場合には、a pinch of...という表現が使われることがあります。

ですが、オリーブオイルや醤油などのように液体のものを扱う場合には、「ひとつまみ」することができません。こういう場合には、a little bit of...やsomeという表現をよく使います。

例えば、「オリーブオイルを少々加えます」などという場合には、“Put a little bit of olive oil.”や“Put in[on] some olive oil.”と言ったりします。

ミニコラム　ヤード・ポンド法はどこで使われているのか

ヤード・ポンド法を正式に採用している国は2019年現在で、アメリカ、ミャンマー、リベリアの３カ国です。それ以外の国では日本と同じメートル法が用いられているとされます。ヤード・ポンド法はImperial Unitとも呼ばれます。イギリス、カナダ、オーストラリアなどの英語圏では、正式にはメートル法（metric system）が使われていますが、長さや重さ（身長や体重なども）をフィート、インチ、ポンドで表す習慣はいまだに根強く残っています。

練習問題

下線部の数字が含まれる表現を、それぞれ英語で表現してください。音声を聞いて正解を確認した後、発展練習として、音声を聞きながら英文を見て声に出して言ってみましょう。

(解答はp.169)

039

① 砂糖を小さじ一杯入れると、より美味しくなりますよ。

Putting (小さじ一杯の) sugar will make it taste much better.

② ひとつまみのハーブ塩と黒胡椒を加えてください。

Add (ひとつまみのハーブ塩と黒胡椒), please.

③ もう少しオリーブオイルがほしいです。

I want (もう少しオリーブオイルを).

④ ブルーベリージャムをひと瓶買いにいこうと思います。

I'm going to get (ひと瓶の) blueberry jam.

⑤ お肉ひと塊をオーブンに入れてローストしてください。

Please put (お肉ひと塊) in the oven and roast it.

ミニコラム 用法や形によって言い方が異なるニンニク

料理の際にアクセントをつける調味料として使われる「garlic(ニンニク)」ですが、これは用途によって言い方が変化する食材の代表例のひとつです。ニンニクの球根 (bulb) を指す場合には、a bulb of garlic や a head of garlic と言います。次に、ニンニクひとかけらは、a clove of garlic という言い方をします。なお、みじん切りにされたニンニクを指す場合には、chopped garlic、薄切りニンニクの場合は sliced garlic という言い方をします。

Unit 4

買い物・支払いの数字を英語で言う

「10%割引」や「Sサイズをください」などを英語にしてみよう。

Pre-Questions

040

以下の数字が含まれる表現を、それぞれ英語で表現してください。
その後、音声を聞いて正解を確認してください。

① It'll be 231 ドル.

② I'll クレジットカード払い.

③ It costs 税込 7 ドル 45 セント.

④ I'd like S サイズ, please.

⑤ You'll get 5%割引.

正解 ① It'll be two hundred thirty-one dollars / two thirty-one.
② I'll pay by[with a] credit card.
③ It costs 7.45 (seven dollars and 45 cents) including[after] tax.
④ I'd like a size-four, please.
⑤ You'll get 5% off.

次は、ショッピングに関する言葉です。まずは、ショッピングでよく使われる金額の表し方を勉強しましょう。

「11 ドル 30 セント」を英語で読むと？

例えば、スーパーで買い物をした合計金額が、「11ドル30セント」だったとしましょう。そのときに、eleven dollars and 30 centsと言うのが一番誤解が少ないわけですが、実際にはこのように言われることはまれで、単位は省略してeleven thirtyという言い方をします。

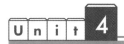

次にドルの桁が三桁になった場合です。例えば、「255ドル」という数字だとしましょう。two hundred fifty-five dollarsという読み方が最も誤解がないわけですが、これも省略されてtwo fifty-fiveという読み方をすることがあります。あれ？　と思った方もいらっしゃるでしょう。two fifty-fiveだけを聞くと、「255ドル」なのか「2ドル55セント」なのか、一瞬わからなくなるからです。

これは文脈によって判断をするしかないわけですが、例えばスーパーで255ドルも一気に買い物をすることはまれですし、アパレルショップで2ドル55セント分しか買わない、ということはないなどと判断していきましょう。ですが、どうしても判断がすぐにできない場合は、紙に書いてもらったりするとよいでしょう。

1000ドル以上の単位をどう示す？

例えば、1000ドルぴったりだった場合には、one thousand dollarsという読み方をすることがあります。また、スラング的ですが、1000ドルを表す言葉として、a grandという言い方をすることもあります。

では、2400ドルのような数字だった場合にはどのようにいうのでしょう。Part 1で紹介した大きな数字の読み方のルールをそのまま採用して、two thousand four hundred dollarsと読むのが一番誤解がないでしょう。ですが、口語などでは、twenty-four hundredのような読み方をします。00（ゼロが二個）はhundredと読まれることが多いようです。

次に、4295ドルなどのような数字の場合は、forty-two ninety-fiveのような読み方をします。やはり、42ドル95セントと聞き間違いが予想されますが、これも文脈で判断しましょう。

支払いに関するもの

数字の読み方を克服できたら、次は支払いに関するものです。日本語の税抜、税込に対応する英語は、before taxとincluding[after] taxです。特にアメリカでは、州によって税率が異なるため、基本的にはbefore taxで示されます。

支払いは現金、クレジット、小切手など多様ですが、それぞれpay in cash（現金で支払う）、pay by[with a] credit card（クレジットカードで支払う）、pay by check（小切手で支払う）という言い方をし、使われる前置詞がそれぞれ異なりますので注意してください。また、最近はキャッシュレス決済が浸透しつつあります。

電子マネーはelectronic money、またはe-moneyという言い方をし、クレジットカードに準じる形で、pay with e-moneyと言います。例えば、「キャッシュレス決済の場合は5%割引です」と言う場合は、You'll get 5% off on cashless payments.などとなります。

サイズに関する表現

ショッピングの大定番といえば、服です。アメリカで服を買う場合、少し困ってしまうのはサイズの表示方法です。日本ですと、L、M、Sなどと表示されることが一般的です。一部、そのような表示方法もなくはないのですが、トップスの場合は0から偶数刻みであがっていきます。Pre-Questionsのsize four(4)というと、日本ではSサイズぐらいになります。他方、ボトムスは日本と同じくウェストのインチサイズでの計算です。メーカーによってはサイズの表記が異なる場合もあります。

以上のような事情から、購入前には必ず試着をすることが大事です。試着する場合には"Can I try this on?"という表現を一般的に使います。

練習問題

音声を聞き、下線部をディクテーションしてください。正解を確認後、発展練習として、音声を聞きながら英文を見て声に出して言ってみましょう。
(解答はp.169)

041

① 税込で 25 ドル 47 セントになります。

It's (   ).

② 税抜価格で、2400 ドルです。

It's (   ).

③ クレジットカード払いはできますか？

Can I (   )?

④ このセーターは S サイズ（4サイズ）がありますか。

Do you have this sweater (   )?

⑤ キャッシュレス決済で 1 割引です。

You'll get (   ).

ミニコラム encryptedって何？

電子マネーのことを指す言葉として、この Unit では e-money や e-payment などを紹介してきました。電子通貨を示す際には、digital current、または暗号資産という意味の cryptocurrency という言い方もあります。crypto[kríptou] とは「暗号」という意味で、例えば、「パスワードをかける」という場合には encrypted という言い方をよくします。これらも一緒に覚えておくといいかもしれません。

Unit 5

注文を英語でする

「中生一杯」や「お冷をください」などを英語にしてみよう。

Pre-Questions

042

以下の数字が含まれる表現を、それぞれ英語で表現してください。正解を確認した後、発展練習として、音声を聞きながら英文を声に出して言ってみましょう。

① I'd like ホットコーヒーを一杯.

② Can I get（ショーケースの中にある）ケーキをひとつ?

③ How much（ショーケースの中にある）おひとつ?

④ I want 生ビール（中ジョッキ）を一杯.

⑤ Can I have お冷（ひや）, please?

正解
① I'd like **a cup of hot coffee**.
② Can I get **one of these**?
③ How much **are these**?
④ I want **a pint of draft (beer)**.
⑤ Can I have **a glass of (tap) water**, please?

次は、注文に関する言葉です。注文は、メニューや商品が目に見えているので、ショッピングよりもむしろ気が楽だと感じる方もいるようですが、実は失敗もまた多発するのです。失敗の原因の多くは数字の表現の仕方にあります。問題解決のカギは、複数と単数を攻略することにあるのです。

注文の文脈では誤解の多い this one と that one

注文のフレーズとして、商品を指差して買うためにthis one（これ）、that one（あれ）という表現を勉強した方は多いと思います。確かに、この表現で事足りることは多くあるのです。他方、この表現が持っているニュアンスについてはあまり関心を払ってこなかったという方は多いかもしれません。

this oneは話者から見て近くにあるものを、that oneは話者から見て遠くにある特定のものを指す表現になります。ですから、例えばショーケースの中に入っているケーキ（ひと切れ）を注文する場合には、指をさしながら“This one, please.”、“That one, please.”でたいていは事足りてしまうわけです。

が、店員さんの視点で見てみると、ケースの中に入っている「この種類のケーキ」や、「あの種類のケーキ」と言っているのではなく、「この種類の中の、さらにこの特定のケーキ」と言われていると感じる場合もあります。これが場合によっては誤解の元にもなりうるのです。ですので、「この種類のケーキをひとつください」と伝えたいのであればone of these、「あの～」だったらone of thoseと言ってあげるほうが自然だということになります。

値段を尋ねる場合

値段を尋ねる場合はHow much?という表現がよく使われます。ほとんどの場合は注文内容や文脈でわかってもらえることが期待できますが、細かな注文の場合はその限りではありません。

たとえば、コーヒーショップで、カウンターのところにあるチョコレートをひとつ注文したいとして、「ひとついくらですか」と聞きたい場合は“How much is this?”という言い方が思いつくかもしれません。ですが、これだと複数の種類があって、一つひとつ値段が異なる場合に、「この特定の商品はいくらですか？」と聞いている感じに受け取られる場合もあります。

すべて同じ値段の商品であることが明らかな場合は複数形を使い、

"How much are these?"と聞いてみましょう。ひとつ5ドルという場合は、"Five dollars each."という回答が返ってくるはずです。ひとつほしければ、"Can I get one of these?"、ふたつほしければ"Can I get two of these?"などと言うとスムーズでしょう。

生ビール（中ジョッキ）一杯はどう注文するの？

コロナ時代もエンデミック（endemic）と言われるようになり、少しずつ社交の機会も戻ってきました。飲み会の最初の一杯目といえば、生ビール中ジョッキでしょうか。「中生一杯」という場合、どのように表現するとよいでしょうか。

すぐに思いつくのはa glass of beerでしょう。ホットドリンクの場合はa cup of tea、a cup of hot coffeeなどのようにa cup ofを使いますが、冷たい飲み物の場合はa glass ofという言い方をするので想像しやすいと思います。

しかし、glassという言葉が指す量と、中生のジョッキが指す量は必ずしも同じとは限りません。中生ジョッキがほしいと言う場合、英語圏ではa pint of...という表現がよく用いられます。イギリスのUK pintは568 ml、アメリカのUS pintは473 mlとなります。だいたい、日本の中生ジョッキの量ぐらいの感覚と考えておいてよいでしょう。

お冷を一杯ほしい場合は？

日本人の感覚では、お冷はサービスに入ります。この感覚で"Water, please."と言って注文した後、"Sparkling or still?"（炭酸水ですか？普通の水ですか？）と質問され、有料の水を注文したと勘違いされたことに気がつくことも、よくあります。もしお冷がほしい場合には、"Can I get a glass of (tap) water, please?"と言うとよいでしょう。

練習問題

音声を聞き、下線部をディクテーションしてください。正解を確認後、発展練習として、音声を聞きながら英文を見て声に出して言ってみましょう。
(解答は*p*.169)

043

① これをひとつください。

Can I get ________________, please?

② ホットコーヒーをひとつと、紅茶をふたつください。

Can I have ________ hot coffee, and ________ black tea, please?

③「これらは、おひとついくらですか？」「ひとつ 3 ポンドです」

"How much are these?" "__________________".

④ 生ビールを 3 杯もらえますか。

Can I get ___________draft (beer), please?

⑤ お冷を 2 杯ください。

We want _________________.

ミニコラム 「お通し」とテーブルチャージ

日本に訪れた外国人観光客を困惑させるのが、居酒屋の「お通し」というサービスです。明瞭会計を好む欧米からの観光客の場合、頼んだ覚えのない料理がきて、それを後で請求されて嫌な思いをしたと感じてしまう人も中にはいるようです。

他方、英語圏にはテーブルチャージ（a cover charge）というものがあるので、「お通し」の制度を説明する場合には、"This is called *Otoshi*, a snack, that counts as a cover charge."（これはお通しと呼ばれ、おつまみみたいなもので、テーブルチャージの代わりですよ）などと説明すると、比較的わかってもらいやすいでしょう。

Unit 6

通信・公共料金・税金を英語で言う

生活に密着したお金に関わる英語の表現をチェック！

Pre-Questions

044

以下の日本語の数字を、それぞれ英語で表現してください。その後、音声を聞いて正解を確認してください。また、下線部が表す意味を考えてください。

① 1万円 over <u>on expenses</u>

② 2万円 a month as a <u>communication cost[expenses]</u>

③ claim 3万円 for <u>transportation fare</u>

④ The <u>utilities</u> cost 4万円 this month.

⑤ pay 25万円 for income tax

正解 ① **10,000 yen** over on expenses　経費が1万円オーバーする
② **20,000 yen** a month as a communication cost[expenses]　通信費に月2万円かかる
③ claim **30,000 yen** for transportation fare　交通費3万円を請求する
④ The utilities cost **40,000 yen** this month.　今月の公共料金は合わせて4万円だ。
⑤ pay **250,000 yen** for income tax　所得税25万円を支払う

生活をするということは、それに伴うお金がかかるということです。「お金」という言葉を英語で表現すれば、言わずと知れたmoneyとなります。

ですが、公共料金を支払うなどの文脈で、“I want to pay money.”（お金を払いたいのですが）と言ってみても、moneyという言葉が示す範囲が広すぎるため、何の支払いをしたいのかがはっきりわかりません。

数字や単位を上手に使いこなすためには、支払うお金の種類についてもある程度知識を持っていることが大事です。特に、生活に関する支払いといえば、「通信費」、「公共料金」、「税金」などがその代表例でしょう。

通信費は cost、または expenses

高度情報化社会の到来に伴い、「通信費」も必要経費のひとつとして考えられるような時代になりました。以前は通信費といえば通話料金やファックス通信費などが主だったわけですが、最近ではインターネット回線や、モバイルルーター、スマホの通信代なども必要になってきました。

「通信」を表す言葉は、よく知られたcommunication、またはtelecommunicationです。通信「費」に対してよく使われる英語はcost、またはexpensesです。costはカタカナ語としても定着している言葉で、一般的に「何かを購入する際に支払うお金」のことを指します。それに対し、expense(s)（もっぱら複数形）は、expensive（高価である）という形容詞の名詞で、「費やされたもの＝経費」を広く指す言葉です。

特に最近はテレワークの急速な普及に伴い、このデータ通信費も高額になりつつあるという事情が英語圏でもみられます。このような事情からcommunication cost[expenses]だけでなく、data cost[expenses]という言い方もよく聞かれるようになってきました。

交通費は fare

次に交通費は、fareという言葉をもっぱら使います。例えば、電車賃であればtrain fare、タクシーの初乗り料金であればthe minimum fare of a taxiなどと言います。

また、feeという言葉も使われ、公共交通の料金という意味ではpublic transportation fare[fee]という言い方をよくします。

課金されるものは charge

「チャージ」というカタカナ語を見ると、何かを充電する、貯めるというニュアンスを受ける方も少なくないのではないでしょうか。chargeという英語は、「(受けたサービスなどに対する) 支払い」を示す言葉です。ですから、居酒屋の「お通し」のようなものはa cover charge（席料、カタカナ語の「テーブルチャージ」）と表現されます。

例えば、飛行機の「燃油サーチャージ」(fuel surcharge) などは、「sur=上乗せ」という接頭辞がついていますが、サービスに対する上乗せ料金というニュアンスで考えるとわかりやすいかもしれません。

公共料金は英語で何と言う？

公共料金を表す言葉は、utility billsです。この公共料金の概念にはガス代、水道代、光熱費などが含まれています。「公共料金の支払いがどこでできますか」と尋ねる場合には“Where can I pay utility bills?”と言うとよいでしょう。

交通費は fare

「税金」は言うまでもなくtaxです。ですが、税金にもいくつか種類があります。英語圏にいくとよく目にする税金としては、income tax（所得税）、consumption tax（消費税）、resident tax（住民税）、corporate tax（法人税）、そしてショッピングに伴うvalue added tax（付加価値税で、VATと略されます）でしょう。また、スラングですが、タバコやお酒に伴う税金のことを「罪(sin)に対する税(tax)」ということで、sin taxと冗談めかして言うこともあります。税金の源泉徴収はwithholding taxなどと言います。

ミニコラム money、coin、bill で数えられないのは？

お金を意味する money は不可算名詞で、単数形にして a money や複数形にして moneys と言いません。私は中学生の頃、「お金は、1円、2円と数えられるはずなのに、なぜ money は数えられないのだろう」と疑問に思ったことがあります。実は数えるのは coin（硬貨）と bill（紙幣）のほうで、money という概念（集合体）は数えません。money 以外の集合体の例として、furniture（家具：机や椅子の集合体）、jewelry（宝石類：指輪、ネックレスなどの集合体）などがあり、これらはすべて不可算名詞です。

練習問題

音声を聞き、下線部をディクテーションしてください。正解を確認後、発展練習として、音声を聞きながら英文を見て声に出して言ってみましょう。

（解答は *p*.169）

045

① 通信費を最低 10%削減しなければなりません。

We must reduce our ____________________ by at least ____.

② 東京では 1 カ月の公共交通料金の平均は 15,000 円に上る。

The average ____________________ per month in Tokyo amounts to _________.

③ 今週、燃油サーチャージ代が突然 15%も高騰した。

This week, _______________ suddenly increased ______.

④ この地域で未払いの公共料金は 10 億ドル以上と見積もられる。

The unpaid _________ in this area are estimated to be ____ _______________.

⑤ 物品サービス税 (GST) とは、一般的な商品やサービスのほとんどに課されている 10%の付加価値税のことである。

The Goods and Services Tax, or GST, refers to ___________ of _________ on most goods and services sold in general.

Unit 7

温度・環境・天気の単位と数字を英語で言う

日々のニュースによく出てくる数字のからんだ表現をチェック！

Pre-Questions

046

以下の日本語の数字を、それぞれ英語で表現してください。その後、音声を聞いて正解を確認し、それぞれの文が表す意味を考えてください。正解を確認したら、音声を聞きながら英文を見て声に出して言ってみましょう。

① **The room temperature is 摂氏 20 度 now.**

② **Today's low temperature is 摂氏 8 度 .**

③ **The humidity today is 50 パーセント .**

④ **There is 70 パーセント chance of rain this morning.**

⑤ **There was an earthquake with 震度 4 this morning.**

正解 ① 20 degrees Celsius 現在の室温は 20 度です。
② 8 degrees Celsius 今日の最低気温は 8 度です。
③ 50% 今日の湿度は 50%です。
④ a 70% 午後の降水確率は 70%です。
⑤ an intensity of four 今朝の地震は震度 4 でした。

毎日のニュースで、気象や天災に関する数値を伴う情報は、比較的多く耳にすることでしょう。今回は、気温、湿度、降水確率、地震などの、日々のニュースによく登場する、数値を伴う英語表現を紹介していきます。

湿度、気温を表すスケール

温度を表す表現としてもっぱら用いられるのは、degrees（度）です。後ほど、図形を表す表現のときにも、またこのdegreesという言葉が出てきますので、併せて確認してください。気温の最高を表すのにはhighest、最低はlowestという形容詞を使いますが、ニュースなどでは、単にhigh、lowとされることがあります。

室温が20度であることを示すのであれば、20 degrees Celsius（摂氏20度）という言い方をするのが一般的です。Celsius（摂氏）は、考案者であるスウェーデンの科学者アンデルス・セルシウス（Anders Celsius 1701-1744）の名前をとってつけられたものです。英語でもdegrees Celsiusという表記の仕方をします。しかし、アメリカでは、温度を表す際には摂氏ではなく、華氏を使います。華氏はドイツ人の科学者、ガブリエル・ファーレンハイト（Gabriel Fahrenheit 1686-1736）の名にちなんでつけられたもので、英語ではdegrees Fahrenheitと表記されます。

水を基準に、氷点を0度、沸点を100度と定めている摂氏に比べ、華氏は人間の平均的な体温を100度として、氷点を32度、沸点を212度と定めています。わたし（佐藤）が初めてアメリカに留学した時、オンス・ポンド、インチ、フィート、ヤードなどよりも、温度の表示方法の違いに一番苦しんだことを覚えています。

ですが、32度Fが0度C、100度Fがおよそ37～38度C、212度Fが100度Cとして、捉えることに加え、おおよそ「61°F→16°C」、「82°F→28°C」の関係（一の位と十の位の交換）があるということを知って、何となく感覚がつかめたという経験があります。

最近は、スマホで温度表示をする際、摂氏と華氏を併記してくれるということも多くなってきたので、ずいぶんわかりやすくなったように思います。

湿度や降水確率

天気の表示で、温度と並んでよく目にするのは環境に関するもの、特に湿度と降水確率です。特に、洗濯をしたい日には湿度と降水確率は大事な指標になり得ます。湿度はhumidityと言い、%表示です。Pre-Questionsの例文のように、"The humidity today is 50%."などという言い方がよくされます。

降水確率などは、"a ○○% chance of □□"という言い方がなされます。例えば、「降水確率が30%」と言う場合には、周辺環境を表すのに使われるthere構文を使って、"There is a 30% chance of rain."と言う場合が多いです。もし、降雪確率であれば、"There is a 30% chance of snow."などとなります。

ちなみに、天気というのは洋の東西を問わず、変わりやすいもの。「晴れ時々曇り」的な表現は英語にもあり、"It's sunny, but occasionally cloudy."という言い方がよくされます。

地震

天気と並んで、ニュースなどで数字を伴って出てくる話題は、地震です。日本は地震大国としても知られていますので、地震のニュースに触れる機会が多いかと思いますが、英語圏はどこでも地震が起きるというわけではありません。むしろ他国で起きた大きな地震に関するニュースが放送されます。

わたし（佐藤）も初めて渡米したときに、"A big earthquake hit Tokyo, Japan."というヘッドラインが聞こえてきたのをよく覚えています。その際に聞いた表現が、"There was an earthquake with an intensity of 5."（震度5の地震が起きました）という表現です。震度はintensityを使って表現されます。

なお、「震源地（震央）」はepicenterです。地震関係のニュースの際にはよく使われる表現です。そして、「マグニチュード6」は6 degrees on the Richter magnitude scaleなどという言い方をしますので、両方とも併せて覚えておくと、ニュースを理解する際などには役に立つでしょう。

練習問題

音声を聞き、下線部をディクテーションしてください。正解を確認したら、音声を聞きながら英文を見て声に出して言ってみましょう。

(解答は*p*.170)

047

① 蔵書の状態保持のため、部屋の湿度を 20% 以下に維持しています。

We usually keep this room's humidity __________ to maintain the condition of the books.

② 今日の最低気温は華氏 40 度で、昨日よりも 5 度低くなるでしょう。

The low temperature today will be ______________, which is lower than that of yesterday __________ .

③ 今日の湿度は 30% で、カラッとした 1 日になるでしょう。

The humidity today __________, and it's going to be a dry day.

④ 午前中は晴れ時々曇りですが、午後からの降水確率は 60%以上となるでしょう。

It is going to be sunny but occasionally cloudy in the morning. However, in the afternoon, there is __________ of rain.

⑤ 去年、この地域でマグニチュード 5 の大きな地震があった。

Last year, there was a big earthquake in this area ____________________ on the Richter magnitude scale.

Unit 8

銀行・金融・投資の数字を英語で言う

経済に絡む数字の表現を前置詞の使い方とともにチェック！

Pre-Questions

048

音声を聞き、下線部をディクテーションしてください。それぞれの表現が表す意味も考えてみてください。

① a mortgage at ＿＿＿＿＿＿

② ＿＿＿＿＿＿ return on investment

③ a loan of ＿＿＿＿＿＿

④ (to) invest ＿＿＿＿＿＿ in the stock market

⑤ ＿＿＿＿＿＿ monetary easing

正解
① a mortgage at **five percent** 5% の住宅ローン
② **a 20-percent** return on investment 20%の投資利益率
③ a loan of **one million yen** 100 万円の融資
④ (to) invest **10,000,000 dollars** in the stock market
株式市場に 1000 万円の投資をする
⑤ **a 600-billion** monetary easing 6000 億ドルの金融緩和

前のUnitでは、気象や天災に関する数値を伴う情報を紹介しました。今度はもう少し難易度が上がり、日々のニュースに登場する経済に関する数値です。特に銀行・金融・投資など、少し専門性の高い英語表現を紹介していきます。

また、このUnitではお金を表す際の前置詞の使い方にも焦点を当てていくことにしましょう。

利子、利息に関する表現

銀行からの融資には利子や利息がつきます。利子率はinterest rateと表現し、もっぱらatという前置詞を伴います。例えば、「５％の利息で」と言いたい場合には、at a 5-percent interest rateという表現を使います。

例えば、「5%の利子率で住宅ローンを借りる」と言う場合には、get a mortgage at a 5-percent interest rateと言います。（＊モノポリーなどをプレーしたことがある方はmortgageという言葉に馴染みがあるかもしれません）。「年率8%の利子率で教育ローンを借りる」という場合には、get a student loan at an 8-percent annual interest rate となります。

mortgageもloanも概念的ではありますが、可算名詞なので不定冠詞aを伴っていることに注意しましょう。

具体的な額を示す of

ofという前置詞には、情報の内容などを示すための用法があります。例えば、ローンの具体的な額を示す場合にはa loan of one hundred million yen（1億円のローン）や、a total of sixty million dollars（合計で6 000万ドル）などの言い方ができます。先ほどの利子率を表すatの使い方と混同しないように気をつけてください。

invest の前置詞は in

investは「投資する」という意味の動詞としてよく知られています。企業、株式市場、ファンドなどのようにinvestの対象となるものを示す場合にはinという範囲を表す前置詞をもっぱら用います。

例えば、「そのスタートアップ企業に1億円投資する」と言いたい場合にはinvest one hundred million yen in the start-upという言い方をします。対象を指す言葉として、「～に」を表すtoをつい使いたくなってしまいがちですが、気をつけてください。

練習問題

1. 音声を聞き、下線部をディクテーションしてください。正解を確認したら、音声を聞きながら英文を見て声に出して言ってみましょう。

（解答は *p*.170）

049

① ジョーンズさんは、5％の利子率で住宅ローンを欲しています。

Ms. Jones wants to get a mortgage at ＿＿＿＿＿＿＿＿.

② その会社は、結局わたしたちに15％の投資利益率を提案しました。

The company finally offered us ＿＿＿＿＿＿＿＿ return on investment.

③ 新しい家を買うには、控えめに言っても2000万ドルのローンが必要となるでしょう。

To buy a new house, we will need ＿＿＿＿＿＿＿＿ at least.

④ 長時間議論して、妻と私はそのITスタートアップ企業にもう600万ドルの投資をすることに決めました。

After a long discussion, my wife and I decided to invest ＿＿＿＿＿＿＿＿ in the IT start-up.

⑤ 昨日、政府は700億ポンドの金融緩和を発表しました。

Yesterday, the government announced ＿＿＿＿＿＿＿＿ monetary easing.

2. 金融に関する以下のニュース記事を聞いて、空欄に入る言葉をディクテーションしてください。正解を確認したら、音声を聞きながら英文を見て声に出して言ってみましょう。(解答は *p*.170)

050

① Mr. Sasaki got ____________________ yen ______________. The zero-interest-rate policy makes it easier to obtain a loan from a bank in recent years.

佐々木さんは 0.48%の金利で、8000 万円の住宅ローンを借りた。ゼロ金利政策により、近年、銀行から住宅ローンが借りやすくなった。

051

② Bank of Japan Governor, Haruhiko Kuroda announced ________________ approximately ________________, also known as the Kuroda Bazooka. This policy was based on the strategies of inflation targeting originally proposed by Paul Krugman, a Nobel laureate in Economics. As a result, with the depreciation of the Japanese yen, the Bank successfully achieved its initial ______________________.

黒田東彦日銀総裁はノーベル経済学賞受賞者、ポール・クルーグマン発案のインフレターゲッティングに基づいた、いわゆる「黒田バズーカ」と呼ばれる年間 100 兆円程度の異次元の金融緩和を行った。その結果、円安も相まって当初目標としていた年率 2% のインフレを達成した。

Unit 9

「多い」「少ない」を表す表現

ざっくりと「多い」「少ない」を表す表現を学ぼう。

Pre-Questions

052

音声を聞き、下線部をディクテーションしてください。下線部が表す表現は、「多い」か「少ない」かを考えてみてください。正解を確認したら、発展練習として音声を聞きながら、英文を見て声に出して言ってみましょう。

① **The lecturer gave a speech with ________ useful information.**

② **The CEO provided __________ reasons for this decision.**

③ **There are ___________ books in his bookshelves.**

④ **There are _________ obstacles that cannot be overcome.**

⑤ **_________ students in this class were against the new policy.**

正解 ① very little（極めて少ない） その講師のスピーチはほとんど有益な情報のないものだった。
② a number of（多い） そのCEOはこの決定に関して多くの理由を述べた。
③ a great many（非常に多い） 彼の本棚にはたくさんの本がある。
④ hardly any（少ない） 克服できない障壁はほとんどない。
⑤ Quite a few（かなり多い） このクラスの多くの学生はその新しいポリシーに反対だった。

数字を扱う文脈では、ざっくり「多い」、「少ない」ということを示すことが有効である場合が多いようです。「多い」はmany、much、a lot of...、「少ない」はa few、a littleなどという表現をそれぞれすぐに思いつくかと思います。が、同じ表現を繰り返して使っているとどうしても表現が単調になります。

このUnitでは、「多い」、「少ない」をそれぞれ表す表現を取り上げて、使い方のコツや、表現のバリエーションを広げるための方法などをご紹介していきたいと思います。

「少ない」を表す表現

まずは「少ない」から見ていきましょう。「少ない」を表すのにはa fewとa littleがあります。まずは使い方のポイントを表で示します。

	少ない（a を伴う）	ほとんどない（a を伴わない）
可算名詞	a few (books)	few books
	少ない本	ほとんど本がない
不可算名詞	a little (money)	little money
	少ないお金	ほとんどお金がない

可算名詞にはfewを、不可算名詞にはlittleをそれぞれ使います。aがつくと、「少ない～がある」ということをプラスに示すニュアンスとなりますが、aが取れると「ほとんど～がない」というマイナスのニュアンスになることに注意してください。

Not a few、not a littleと、否定語のnotをつけると、「少ない」ということを否定するわけですから、逆説的に「多い」ということを示します。また、quite a fewという表現を使っても、「多い」ということを示します。間違えないよう注意してください。

また、「ほとんど～ない」ということを示す際によく用いられるものとして、hardly (any)という表現もあります。「ほとんどない」ということを強調して使われますので、覚えておきましょう。

「多い」を表す表現

「多い」ことを示す際には、many、much、a lot ofという表現をすぐに思いつくでしょう。manyは可算名詞に、muchは不可算名詞にそれぞれ使うことができ、a lot ofは可算名詞・不可算名詞関係なく使うことができる表現として覚えている方も多いと思います。

manyを使う場合、many students、many booksと、可算名詞の複数形と一緒に使うという理解をしている方も多いと思います。manyは「多い」を表すわけですが、必ずしも複数形と一緒に使わなければならないわけではないのです。

Many a student works part-time. たくさんの学生がアルバイトで働いている。

また、many自体にaをつけ、a great many、a good many (students)という言い方をしても、「多い」ということを示します。

I've been living here for a good [great] many years. 私は長年ここに住んでいる。

次に、muchの使い方のポイントを見てみましょう。まずmuch自体は不可算名詞とともに使います。

How much luggage can we bring? どのぐらいの量の荷物を持って行けますか。

You don't get much snow here? ここは雪がたくさん降りません。

manyやmuchは肯定文の中で単体で用いると、少し硬い印象が出る場合があります。否定文、疑問文の中で使うほうが堅苦しい印象が出ず、おさまりがいいと感じられる場合が多いようです。

肯定文の中で使う場合にはmany、muchの代わりに、a lot ofやlots of、plenty ofなどを使うほうが収まりよく感じられる場合があります。

You can see a lot of national treasures there. そこでは国宝をたくさん見ることができます。

You can find plenty of information on our website. 私たちのウェブサイトでは多くの情報が見つけることができます。

また、可算名詞の場合には、a lot of...、lots of...の代わりに、a good [great] deal of...、a number of...という表現を使うこともよくあります。数を扱う文脈では、このUnitで紹介した表現を上手に使うことで、その数字が持っているニュアンスを的確に表現することができるでしょう。

練習問題

下線部の数量が含まれる表現を、それぞれ英語で表現してください。音声を聞いて正解を確認したら、発展練習として音声を聞きながら、英文を見て声に出して言ってみましょう。

(解答は *p*.170)

053

① I just have ほとんど〜がない money with me now. I only have 1,200 yen in my wallet.

② He has over 5,000 books. There are たくさんの (a fewを使って) books in his bookshelves.

③ We could only see one or two stores on our way. There are ほとんど〜ない（hardly を使って二語で）convenience stores around here. It looks very inconvenient.

④ Over 90% of employees voted against the new teleworking system. たくさんの（a と good を使って）employees want to stick to the conventional working styles.

⑤ The lecturer talked for as long as two hours. But I was wondering, did you get たくさんの (一語で) useful information from his talk?

Unit 10
日本語と英語で異なる単位

今までに出てきた日英で単位の違う表現をここで総まとめ！

Pre-Questions

054

以下の下線部の日本語を見て、それぞれ英語で使われる単位に置き換えてください。その後、音声を聞いて正解を確認してください。正解を確認したら、音声を聞きながら、英文を声に出して言ってみましょう。

① My brother is 約 5cm taller than me.

② My vehicle can get 16 キロメートル per gallon.

③ This measuring cup holds 約 236 ミリリットル of liquid.

④ How about going for 一杯 with me this evening?

⑤ Today's highest temperature will be 約16° C.

正解
① about two inches　兄はわたしより 2 インチ背が高い。
② 10 miles　私の車は石油 1 ガロンあたり 10 マイル走れる。
③ eight ounces (of liquid)　この計量カップは8オンスの液体が測れる。
④ a pint　今夜いっぱい飲みに行かないかい。
⑤ 61 degrees Fahrenheit　今日の最高気温は 61° F になるでしょう。

このUnitでは、これまで出てきた、日英で異なる単位についてまとめていきたいと思います。最近は単位の換算はスマホがあればすぐに調べられる時代になりましたので、正確な数値はそちらに任せるとしても、それぞれの単位についてだいたいの目安を覚えておくと、会話がスムーズに進められるようになるはずです。

長さに関する単位の違い

まずは、長さに関する単位の違いについてです。日本ではcm、m、kmなどを使いますが、英語圏ではinch、foot、yard、mileという4つの単位になります。英語の単位を基準として、日本の単位に置き換えると以下の通りとなります。

055

英語の単位	日本語の単位
1 inch	2.54 cm
1 foot	30.48 cm
1 yard= 3 feet	91.44 cm
1 mile	1.6 km

わたし（佐藤）も英語圏に滞在している間は、このような単位を肌感覚でだいたい理解できますが、しばらく英語圏に行っていないとふっとわからなくなることがあります。覚えるコツとしては、よく使うものを中心に、概算で覚えておくことです。例えば、inchは、2 inchesで5cm程度、1 footは男性の足のサイズということで約30cm、3 feetで1 yardで、約90cm（1mより若干短い）などは比較的すぐに覚えられるでしょう。

a mileは比較的馴染みのある単位で、1.6kmですね。英語の歌のスタンダードナンバー"Five Hundred Miles"は「800km」で、東京から札幌、広島が直線距離でおおよそ800kmです。

重さに関する単位の違い

次に重さに関するものを見ていきましょう。重さは主にounceとpoundです。液体については、fluid ounce、pint、gallonがあります。石油の重量を表す際にはbarrelが用いられます。pint、gallon、barrelはイギリスとアメリカで異なりますので注意が必要です。

056
英語の単位のみ

英語の単位	日本語の単位
1 ounce	28.35 g
1 pound=16 ounces	0.454 kg
fluid ounce (fl. oz.)	29.57 ml
1 pint	US pint: 473 ml UK pint: 568 ml
1 gallon=8 pints	US gal: 3.785 l UK gal: 4.546 l
1 barrel	UK: 36 gallons US: 31.5 gallons 石油の場合 US: 42 gallons (=158.98 l) UK: 35 gallons (= 159.109 l)

筆者は、オンスは30g/ml程度、poundは0.45kg程度と概算で覚えています。ちなみに、イギリス生まれのお菓子の「パウンドケーキ」は、小麦粉、卵、砂糖、バターの4つの材料を1ポンド(pound)ずつ用いたことに由来しているそうです。pintは生ビール中ジョッキ一杯程度と考えてください（アメリカのほうが若干小さいので要注意です）。

温度と広さに関する単位の違い

最後に、その他の覚えておきたい単位として、温度と広さに関するものをご紹介します。温度はアメリカではFahrenheitを使います。広さはsquare foot、square mileなどを用います。ここではぜひ覚えておきたい代表的なものに絞って紹介します。

057
英語の単位のみ

	英語の単位	日本語の単位
温度	Fahrenheit	32°F = 0℃ 100°F = 38℃ 212°F = 100℃
広さ	1 square foot	およそ929 cm^2
	1 square yard =9 square feet	およそ0.83 m^2
	1 acre ＝ 4,840 square yards	4,046 m^2
	1 square mile = 640 acres	およそ2.59 km^2

おまけ 日本独自の単位で、外国人が理解に困ってしまいがちな、長さ、重さ、広さの単位。

058
英語の単位のみ

	日本語の単位	標準的な単位	英語の単位（概算で言うと）
長さ	1分	3.0303 mm	about 0.1 inches
	1寸	3.0303 cm	about 1.2 inches
	1尺	30.303 cm	about one foot
	1間	1.8192 m	about two yards
	1町	109.09 m	about 120 yards
	1里	3.9273 km	a bit over two and a half miles
重さ	1合	180.39 ml	about six ounces
	1升	1.8039 l	about four US pints
広さ	1畳	1.62 m^2	about 20 square feet
	1坪	3.3058 m^2	about 35 square feet

練習問題

1. 以下は長さの単位を使ったお役立ち例文です。音声を聞いて発音練習をしましょう。

059

① **Please move it by one inch.**

1インチ（少し）だけ動かしてもらえますか？（one inch は少しを表す比喩）

② **Give me a foot-long sandwich, please.**

フットロング（約 30cm ほど）のサンドイッチをください。

③ **The building is about ten yards away.**

その建物は 10 ヤード（9 〜 10m ぐらい）離れている。

④ **Drive under 30 miles per hour.**

時速 30 マイル (約 48km) 以内で運転してください。

2. 以下は重さの単位を使ったお役立ち例文です。音声を聞いて発音練習をしましょう。

060

① **Gold is worth about 290,000 yen an ounce today.**

今日、金は 1 オンス (28.35g) あたり 290,000 円の価値があります。

② **Put one pound of flour in a bowl and add one teaspoon of baking powder.**

ボールに 1 ポンド (0.454kg) の小麦粉を入れ、小さじいっぱいのベーキングパウダーを加えましょう。

③ **In America, one plastic bottle contains 20 fluid ounces.**

アメリカでは、ペットボトル一本あたり 20 液体オンス (約 591ml) の容量です。

④ **I owe you a pint tonight.**

今夜は、一杯（1 パイント）おごらせて。

⑤ **How many gallons of milk do you usually consume a week?**

週に何ガロンのミルクを消費しますか？

⑥ **We're thinking about purchasing a barrel of wine for the Christmas party.**

クリスマスパーティーに、樽入りのワイン（1 バレル分のワイン）を購入する予定です。

3. 以下は「温度と広さ」についてのお役立ち例文です。音声を聞いて発音練習をしましょう。 061

① **Today, the high temperature in Tokyo will be 60° F, while the low temperature will be 39° F.**

本日は、東京の最高気温が華氏 60 度 (摂氏 16 度程度) で、一方最低気温は華氏 39 度（摂氏 3.8 度程度）となるでしょう。

② **The new office is 430,000 square feet in total.**

新しい事務所は、合計で 430,000 平方フィートの広さになるでしょう。

③ **Her land covers twenty square miles.**

彼女の土地は 20 平方マイルの広さになります。

4. 音声を聞き、下線部をディクテーションしてください。正解を確認したら、音声を聞き、英文を見ながら発音してみましょう。 （解答は *p*.0170） 062

① **My son grew ______________ this year.**

② **This street is ___________ wide.**

③ **Brenda always talks _____ a minute.**

④ **It is advised that you drink between five and ___________ _____ of glasses of water a day.**

⑤ **Today, the high temperature in Shizuoka will be ____, while the low temperature will be ____.**

⑥ **This land covers ________________.**

Unit 11

アメリカ英語とイギリス英語で異なる単位

日付の表し方など、英米で異なる数字の使い方を総まとめ！

Pre-Questions

063

数字が含まれる表現を、それぞれ英語で表現してください。その後、音声を聞いて正解を確認してください。

① **3月4日（アメリカ英語で）**

② **4月3日（イギリス英語で）**

③ **週末（イギリス英語で）**

④ **1階（イギリス英語で）**

⑤ **7メートル（イギリス英語のスペル）**

正解 ① 3/4, March 4th
② 3/4, 3rd of April
③ at the weekend
④ (on the) second floor
⑤ seven metres

英語話者は、母語話者だけでも約4億人(four hundred million)、非母語話者を含めれば17億人(1.7 billion)以上、世界にいると推定されています（＊諸説あり）。一口に英語と言っても、その発音や使われ方は国や地域によってかなり異なります。

特に、北米を中心に使われている、いわゆるアメリカ英語と、イギリスとその連邦＝コモンウェルス(The Commonwealth of Nations)を中心に話されている、ざっくりイギリス式とされる英語では、一部使われ方が違います（ただし、この分類はかなり大雑把なものです）。

このUnitでは、特にアメリカとイギリスの英語で数字や単位の表記の仕方が異なり、誤解の原因になりそうなもので、ぜひ気をつけてほしい表現を中心に取り上げていきます。

アメリカとイギリスでは日付の表記が異なる

Pre-Questionsの①と②をもう一度見てください。3/4はアメリカ英語では「3月4日」のことです。日本語の表記と一緒で、わかりやすいと思います。ですが、イギリス英語で3/4と書くと、それは「4月3日」のことを表します（03/04とされることも少なくありません）。

この背景には、アメリカでは日付を書くときにMarch 4thと示しますが、イギリス英語では日付から先に書き、3rd of Aprilと示すという習慣があるからです。イギリス英語はofが入ると覚えておくと、混乱が少なくなるでしょう。最近はこのような混乱を避けるために、月だけはスペルで書くことになっています。例えば、3月4日はアメリカ式では“Mar. / 4”、イギリス式では“4 / Mar.”などと表記します。

「週末」を表す前置詞は？

「週末」は、英語でweekendと言います（カタカナ語でも「ウィークエンド」という言い方をよくしますね）。weekendにつく前置詞は、onがすぐに思い浮かぶ方が多いでしょう。曜日を表す前置詞はonですから、on Monday、on Friday eveningという表現を思い浮かべれば、on the weekendという表現も連想できますね。

ところが、イギリス英語ではat the weekendという表現を使います。諸説ありますが、彼らにとっての週末は、日曜日の礼拝を済ませた後の時間ということで、onよりも短い範囲を示す語のatが使われるという考え方もあります。最初は聞き慣れない言葉なのでリスニングの際に戸惑うこともあろうかと思いますが、Unitの練習問題などを通して、少しずつ慣れていってください。

アメリカとイギリスでは階の表示が異なるのはなぜ？

アメリカ英語とギリス英語の違いとしてよく知られているのは、階・フロアの表示が異なるということでしょう。混乱の原因となることが多いので、以下にイラストとしてまとめておきます。

064
英語の単位のみ

アメリカ英語	日本語	イギリス英語
third floor	3階	third floor
second floor	2階	first floor
first floor	1階	ground floor
basement	地下	basement

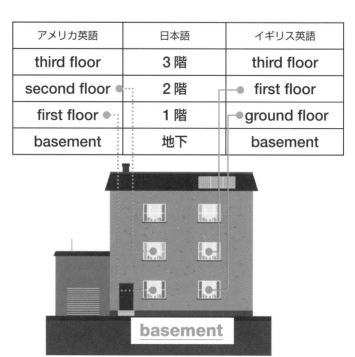

日本語とアメリカ英語の表記にずれはありませんね。また、basementは地下を指す言葉で、両方とも変わりません。問題は「1階以上」をどう考えるか、ということになります。これも諸説ありますが、イギリスは湿気が多く、建物の一階は居住区間というよりも、車庫や倉庫にして利用するという習慣があり、一フロア上がったところから居住空間となるため、2階をfirst floorと呼ぶようになったようです。エレベーターでも、一階は「1」というボタンではなく、ground floorを示す「G」、または「0」と示されています。降り間違いのないように注意しましょう。

イギリス英語でメートルは metre

アメリカ英語とイギリス英語では、スペルも異なります。語尾のerはreとしてよく表記されます。例えば、centerはcentre、theaterはtheatreとなります。単位に関わる表現としてはmeterとliterがありますが、それぞれmetreとlitreと綴られます。見慣れないうちは混乱するかもしれませんが、表記が違うと覚えておくだけでも理解の助けになることがありますよ。

練習問題

下線部の表現を、それぞれアメリカ英語とイギリス英語で表現してください。音声を聞いて正解を確認した後、発展練習として、音声を聞きながら英文を見て声に出して言ってみましょう。

(解答は*p*.171)

065

① The next shipment is scheduled for 2023年5月6日.

② We are supposed to arrive in London on 7月6日.

③ We are going to hold a welcome party for the new employees 週末.

④ Please go down to the 2階 and go through the concourse.

⑤ The back entrance of the building is about 15メートル ahead.

Part 2 トレーニング問題

1. 音声の後に続いて、下線部に注意して次の英文を発音してください。

066

① もう少しごま油がほしいです。

I want a bit more sesame oil.

② はちみつを大さじ2杯入れると、より美味しくなりますが、入れ過ぎには注意してください。

Putting two tablespoons of honey will make it taste much better, but please make sure to not use too much.

③ ひとつまみの塩とオリーブオイルを小さじ1杯を加えてください。

Add a pinch of salt and a teaspoon of olive oil, please.

④ ピーナッツバターをひと瓶買いにスーパーに行こうと思います。

We're going to the supermarket to get a jar of peanut butter.

⑤ ラム肉をひと塊オーブンに入れて30分間ローストします。

Please put a lump of lamb meat in the oven and roast it for thirty minutes.

⑥ 税込で124ドル75セントになります。

It's one twenty-four seventy-five, including tax.

067

⑦ 税抜価格で、1600ドルです。

It's sixteen hundred, before tax.

⑧ このパーカーはSサイズ（4サイズ）がありますか。

Do you have this hoodie in a size four?

⑨ ブラックフライデーは、電子マネー決済で2割引です。

You'll get 20% off on digital currency payments on Black Friday.

⑩ オレンジジュースをふたつと、ホットチャイをひとつください。

Can I have two glasses of orange juice, and a cup of hot chai, please?

⑪ スタウトビール（黒ビール）を3杯もらえますか。

Can I get three pints of stout, please?

⑫ 最近のインフレ率を考慮して、生活費を最低7%削減しなければなりません。

Considering the current inflation rate, we must reduce our living expenses by at least 7%.

2. 日本語を参考に音声を聞き、下線部をディクテーションしてください。下線部分に算用数字を含む英語、(　　)の中に数字をスペルで書きましょう。正解を確認したら、発展トレーニングとして、音声を聞きながら、英語を見て声に出して言ってみましょう。

(解答は *p*.171)

068

① 月々の公共料金の支払いは、平均で15,000円以上になる。

My average monthly unility fee is ________________.

(　　　　　　　　　　　　　　　　　　　　　　　　)

② 機材の状態保持のためには、部屋の湿度を常時20%以下に維持しなければならない。

You must keep this room's humidity ______________ to maintain the condition of the equipment.

(　　　　　　　　　　　　　　　　　　　　　　　　)

③ 今日の最高気温は摂氏22度で、最低気温は摂氏8度です。外出時、気温の変化に注意しましょう。

The high temperature of today ________________ _______, while the low temperature _______________ _______. Please consider this temperature variation when you go out today.

(　　　　　　　　　　　　　　　　　　　　　　　　)

069

④ 午前中は雨、時々曇りですが、午後からの降水確率は10%以下となるでしょう。

It is going to be rainy but occasionally cloudy in the morning. However, in the afternoon, ____________ ______________________.

(　　　　　　　　　　　　　　　　　　　　　　　　　　)

⑤ 5年前、あの山岳地域でマグニチュード6の大きな地震があった。

Five years ago, there was a big earthquake _______ _____________ on the Richter magnitude scale in that mountainous area.

(　　　　　　　　　　　　　　　　　　　　　　　　　　)

⑥ ヘミングウェイさんは、2%の利子率で奨学金を欲しています。

Mr. Hemingway wants to get a student loan ____ ____________________.

(　　　　　　　　　　　　　　　　　　　　　　　　　　)

⑦ 東京で新築分譲マンションを買うには、控えめに言っても5,000万円の住宅ローンが必要となるでしょう。

To buy a new condominium in Tokyo, you will need to get __________________________ at least.

(　　　　　　　　　　　　　　　　　　　　　　　　　　)

070

⑧ その商社にさらに500万ドルの追加投資をしたほうがよいでしょう。

You should invest ______________________ in the trading company.

(　　　　　　　　　　　　　　　　　　　　　　　　)

⑨ 去年、日本政府は60兆の金融緩和を発表しました。

Last year, the Japanese government __________ ______________________.

(　　　　　　　　　　　　　　　　　　　　　　　　)

⑩ 次のイベントは、2022年12月22日に予定されている。（イギリス英語とアメリカ英語で）

The next event is scheduled for ___________ ____________.

(イギリス英語：　　　　　　　　　　　　　　　　　)

(アメリカ英語：　　　　　　　　　　　　　　　　　)

⑪ 1階に行って、コンコースを抜けてください。（イギリス英語とアメリカ英語で）

Please go down to __________ and go through the concourse.

(イギリス英語：　　　　　　　　　　　　　　　　　)

(アメリカ英語：　　　　　　　　　　　　　　　　　)

Part 3

学校で習う数字など

学校で習う算数・数学の表現を中心に、いろいろな数字を見てみよう。

Unit 1

小学校の算数を英語で言う

足し算、引き算、掛け算、割り算や分数、少数を英語で言ってみよう。

Pre-Questions

071

次の数式を英語で読んでください。音声を聞いて正解を確認したあと、発展学習として音声を聞きながら、英文を見て声に出して言ってみましょう。

① **3 + 4 = 7**

② **19 – 6 = 13**

③ **6 x 5 = 30**

④ **18 ÷ 9 = 2**

⑤ **1/3 + 1/2 = 5/6**

正解
① Three plus four is[equals] seven.
② Nineteen minus six is[equals] thirteen.
③ Six times[multiplied by] five is[equals] thirty.
④ Eighteen divided by nine is[equals] two.
⑤ One third plus one half is[equals] five sixths.

Part 2では、日常の会話の文脈の中で言えそうで言えない表現を中心に取り上げてきました。Part 3では、小学校・中学校で習うような数字を中心に取り上げていきます。

小学校、中学校で習うような数字は、実は日常、またはビジネスの文脈でかなりよく使われます。ですが、日本人英語学習者には意外と馴染みがなく、「文字として書いてもらえればわかるけど、会話の中で話されるとお手上げ」という方も少なくないようです。

四則演算（加減乗除）を英語でしてみましょう

四則演算（four arithmetic operations）は、算数の基礎的なものです。「足す」「引く」は、それぞれよく知られたplusとminusです。「＝（イコール）」は、シンプルにisと言ってもいいですし、三人称単数のsつきで、equalsとも言います。be equal to...（～に等しい）もよく使われるフレーズです。なお、「足し算」はaddition、「引き算」はsubtractionと言います。

次に、「掛け算」（multiplication）と「割り算」（division）を見ていきましょう。「3 × 2 = 6」と言いたい場合は、×の記号をそのまま「エックス」と読む場合もありますが、一般的には「倍」の意味を表すtimesと読んだり、multiplied byと読んだりします。逆に、「6 ÷ 3 = 2」と読む場合、割り算の記号はdivided byと読みます。そのまま訳せば、「～によって割られる」という意味ですので覚えやすいですね。

分数・小数はどうやって読む？

四則演算の次は分数と小数です。それぞれ、「fraction」（分数）、「decimal」（小数）と言います。例えば、1/5を読む場合、日本語は「分母」（denominator）を先に読み、「ぶんの」の後に「分子」（numerator）を読みますので、「ごぶんのいち」となります。

2分の1は通例、one halfという読み方をします。それ以外は、英語は分子から先に読み、分母を序数詞にします（＊分子が複数の場合はsをつけます）。ですので、「1/5」は、one fifthとなります。「2/5」の場合は、two fifthsとなります。

次に、1/5を小数として表現します。1/5は小数で表せば、「0.2」となるので、これは単純に「(zero) point five」と読みます。イギリス英語ではzeroの代わりに、nought [nɔːt] と読む場合もあります。

ミニコラム　九九は times tables

九九は、英語ではtimes tablesと言います。日本の九九は、「さぶろくじゅうはち」「くくはちじゅういち」など、リズムよく覚えたという記憶があるはずです。小学校の頃に覚えたものなのに、大人になってもまだ忘れずに覚えているわけですから、日本の九九はよく考えられているなあ、といつも感心します。

英語では、なんと、日本のような「定番」はないのだそう。むしろ、times tablesを一つひとつ一生懸命覚えていくのだそうです。なお、日本語では1の段から9の段まで覚えることが多いようですが、英語圏では11の段や12の段のtimes tablesがあるのを見たことがあります。

「割合」を英語で

割合は、英語ではratioやproportionと表現されることがあります。日本語では、パーセント表記や、5割7分4厘などの表記の仕方がありますが、英語では主に%表記で表されます。例えば、「5割7分4厘」であれば、57.4%(fifty-seven point four percent)と表記されますし、もし小数（decimal）で表記するのであれば、5.74 (five point seven four)とします。

練習問題

1. **基本問題：次の四則演算の左辺を英語で読み、その答え（右辺）を英語で言ってください。音声を聞いて正解を確認したあと、発展学習として、音声を聞きながら、英文を見て声に出して言ってみましょう。**

（解答は *p*.172）

072

① **17 + 25 = ???**

② 67 – 39 = ???

③ 24 × 6 = ???

④ 11 × 7 = ???

⑤ 121 ÷ 11 = ???

⑥ 7 + (8 × 9) = ???

⑦ 6 – (9 ÷ 3) = ???

⑧ 1/4 × 2/3 = ???

⑨ 1/3 ÷ 1/2 = ???

2. 応用問題：次の小学校で習う算数の問題を、英語で式を立てて解いてみましょう。音声を聞いて正解を確認したら、英文の音声を聞きながら、英文を見て声に出して言ってみましょう。 （解答は *p*.172）

073

An amount of 15g of salt is dissolved in 300g of pure water. Now, what is the concentration of this salted water?

ヒント 15 ÷（300 + 15）× 100 ≒ 4.76

Unit 2

中学校の数学を英語で言う

方程式やルートを英語で言ってみよう。

Pre-Questions

074

次の数式を、英語で読んでください。正解を確認したあと、発展学習として音声を聞きながら、英文を見て声に出して言ってみましょう。

① $a > 5$

② $y = ax + b$

③ $y = x^2 + ax^2 + a^2$

④ $(x + 1)^2 = x^2 + 2x + 1$

⑤ $c^2 = a^2 + b^2$

⑥ $\sqrt{2} = 1.41421356$

正解 ① A is greater than five.
② Y equals a x plus b.
③ Y equals x squared plus a x squared plus a squared.
④ X + 1 squared equals x squared plus two x plus one.
⑤ C squared equals a squared plus b squared.
⑥ The square root of two approximately equals one point four one four two one three five six.

小学校の算数が読めるようになった後は、中学校の不等式や、方程式などを読めるように学習をしましょう。もしかしたら、中学校の頃「数学は実際の仕事に本当に役に立つの？」という疑問を感じた方もいるかもしれません。実際、中学校の数学の知識自体はそれほど役に立っていなくても論理的な筋道を立てるという意味で「方程式」の考え方や、「平方」や「～より大きい」などの考え方そのものは役に立っていることがあるはずです。

不等式をクリアする

不等式は英語でinequalityと言います。equalityは「等式」のことですが、そこに否定の意味を表すin-をつけたものです。不等号の「>」は、is greater than...と読みます。「大ナリ」という読み方に慣れている方は、ついbigger than...と言いたくなりますが、bigという形容詞がもつニュアンスは「サイズが大きい」です。「数値が大きい」という場合にはgreatという言葉を使います。反対に「<」は、less than...と表現します。

不等式でもうひとつ頭が痛いのは、「≧」や「≦」のように、イコール記号がくっついているものがあることです。これはよく考えれば、「～より大きい／小さい、または等しい」を表すわけですから、英語ではそのまま、... is greater than or equal to...、... is less than or equal to...と表現します。

方程式をクリアする

方程式は英語でequationと言います。「y = ax + b」というよくある方程式（一次方程式、linear equation）は、そのままy equals a x plus bと読めますので、さほど難しさを感じないかもしれません。

では、二次方程式（quadratic equation）になり、「平方」などが伴うと、どうなるのでしょうか。

平方は、squared、またはto the second (power)と表します。例えば、「$x^2 = 4$」を英語で読むと、x squared [to the second (power)] equals fourと読むことになります。ちなみに、3乗はcubed [to the third (power)]、4乗はto the fourth (power)という言い方をします。

２乗を学習したら、平方根も！

お馴染みの記号√は、rootと読みます（rootはそもそも根っこを表す言葉ですね）。「平方根」を示す言葉としては、the square root of…があります。例えば$\sqrt{3}$はthe square root of three、または日本語でもお馴染みの読み方ですが、root threeと言うこともできます。

その他、数学の用語を英語で言うと？

数学が役に立つのは、その「考え方」ももちろんですが、さまざまな場面で説得力を持った話し方をする際に使われる、メタファー（metaphor）として役に立つ、ということもあるかもしれません。

例えば、スピーチやプレゼンなどの際に、「勝利の"方程式"」、「展開（する）」、や、原因を洗い出すという意味で「因数分解（する）」などと、比喩的なものの言い方をする場合もあるかもしれません。

実際に展開や因数分解の知識を使うかどうかはさておき、そのような言い方を覚えておくこと自体は、役に立つでしょう。

「方程式」は先ほど出てきた、equationという言い方をします。左辺と右辺をequalで繋ぐもの、ということでこのような言い方をするということです。

方程式では、カッコの外にある要素を、カッコ内の項に対して「展開」をするという操作を行います。「展開する」は、英語でdevelop（名詞の「展開」の場合は、development）と言います。

また、次のUnitで触れる多面体の「展開図」も、developmentと言います。developという単語だけを考えると、「発展する」という語がすぐに頭に浮かぶかもしれませんが、「広げる」というニュアンスのほうが数学では主に使われるということでしょう。

そして、スピーチ、プレゼンでも聞かれる数学由来のメタファーの最後のひとつは、factorizeです。「因数分解」という意味です。factorは、「因子・要素」という意味ですね。このfactorに「～化する」という意味の…izeをつけた単語で、「要素・因子をもとに戻す」という意味になります。

練習問題

次の数式を、カッコ内のdirectionに従って英語で読んでください（左辺、右辺共に）。正解を確認したあと、発展学習として音声を聞きながら、英文を見て声に出して言ってみましょう。 （解答はp.173）

075

① $ax + b \geqq 7$（数式を読んでください）

② $y = ax^2 + ab + c$（数式を読んでください）

③ $x^2 + 2ax + a^2$（因数分解した結果を読んでください）

ヒント $= (x + a)^2$

④ $(x + 2)^2$（展開した結果を読んでください）

ヒント $= x^2 + 4x + 4$

⑤ $\sqrt{3} = ???$（答えを読んでください）

ヒント $= 1.7320508$

Unit 3

図形・多面体を英語で言う

言えそうで言えない図形や多面体の言い方を学ぼう。

Pre-Questions

076

音声を聞き、下線部をディクテーションしてください。答え合わせが終わったら、音声を聞き、英文を見ながら声に出して言ってみましょう。

① The shape of Mt. Fuji is a trapezoid, which is a quadrilateral with at least ________ of ____________.

② When you develop ______, say a die＊, you can see _________ with the same size.

③ An object with ______________ and long straight sides, often used in car engine components, is called _________.

④ A triangular prism is ________________ made of ________________ and three quadrilateral faces.

正解　① one pair / parallel sides　富士山の形は、最低でも二対の平行線を持っている四角形、つまり台形をしています。
② a cube / six squares　たとえばサイコロなどの立方体を展開すると、同じサイズの６つの正方形が現れます。
③ two circular ends / a cylinder　自動車のエンジン部品にもよく使われる、両端が円形で長辺が直線である物体を円柱と呼びます。
④ a three-sided object / two triangular bases　三角柱とは、ふたつの三角形の底面と３つの四角形の面を持つ３面体のことです。

＊a dieはサイコロで、複数形はdice、またはdices。a dieのかわりに、a diceという場合もある。

算数・数学に関する知識の中で、図形に関するものは、社会に出てからも触れることの多い項目のひとつに数えられるのではないでしょうか。例えば、「あの円柱形の建物が目的地です」とか、「あの五角形の時計塔のところで待ち合わせ」とか、「その楕円形の入れ物とって」とか、枚挙にいとまがありません。

日本語では当たり前のように表現できるはずの図形ですが、英語になると意外に伝えるのが難しかったり、なんとか表現できたと思ったら、伝わっていなかったりします。例えば、「四角形」だと思って、squareと言ったら、上手に伝わらなかったり、「楕円」は「円」の一種なので、circleと言ったら、困った顔をされたり、などなど。言えそうで案外言えないのが図形に関する表現です。

このUnitでは、図形に関する知識を中心に、扱っていきたいと思います。

図形を表現するのに基本的な用語

図形は英語ではfigureと言います。そして、算数や数学の授業の中で登場する図形は、概ね「多角形（polygon）」と「多面体（polyhedron）」に分類されます。前者は面積（area）の計算、後者は体積（volume）の計算の際に登場します。

面積や堆積の計算に欠かせない考え方は、「底辺」、「高さ」、「奥行き」ですが、それぞれbase、height、width[depth]と言います。

図形の面積・体積を英語で言うには？

図形の面積を求める際の基本として、算数の授業では四角形の面積の求め方を習いました。四角形の面積は、言わずもがな、「底辺」×「高さ」で求められます。例えば、「正方形の面積は、底辺かける高さ、で求めます」は英語で言うと、下記のようになります。

The area of a square is equal to base times height.

なお、同じ公式で求められる四角形に「長方形」と「平行四辺形」がありますが、これらはそれぞれrectangle、parallelogramと言います。

四角形の面積が言えると、次の壁、「三角形の面積＝底辺×高さ÷２」も英語で言えることになります。三角形はtriangleですね。したがって、三角形の面積を求める公式は下記のように言えます。

The area of a triangle is equal to base times height divided by two.

すんなりクリアできましたね。

小学校の数学で習う図形の面積で、比較的難しかった覚えがあるのは、「台形」と「円」です。それぞれ英語では、trapezium [trapezoid]、circleと言います。台形の面積は、「（上底＋下底）× 高さ÷２」という公式でしたね。

The area of a trapezium[trapezoid] is equal to the sum of both bases times the height divided by two.
（台形の面積は、両方の底辺の合計×高さ÷２に等しい）

数学の教科書で、円の単位のところで見かける記号のrは実はradius[réidiəs](半径)の頭文字だったんですね。

円の面積は、

The area of a circle is equal to pi times radius squared.

というふうに求められます。

なお、円に関する数学的な表現として、「円周（circumference length)」というのがあったのを覚えていますか？「半径×２（直径）×円周率＝２πr」で求められるということで、英語では一般的に、次のように言います。

The circumference of a circle is equal to 2 π r.

その他、多角形、多面体を英語で言うとどうなるかは、*p*.122の表にまとめてみます。

続いて円の面積です。円周率は、3.14...ですが、英語でも π（pi）という記号を用いて表されます。円の面積は「半径×半径×3.14（pi）」、または「πr^2」です。円の直径はdiameter[dɑiǽmətər]、半径は先ほど出てきたradiusとです。

ミニコラム 四角形は squareか？

「正方形」、「長方形」、「平行四辺形」、「台形」など、4つの角を持つ図形（多角形）の総称は、日本語では「四角形」と言います。なぜか日本人の英語学習者にはsquareという語が四角形を表す語と思われがちですが、実はsquareは図形を指す場合には「正方形」を指す言葉で、四角形全般には使われません。

四角形一般を指す言葉はquadrilateralと言います。「クアトロ」という言葉は、大きな桁の際にも出てきた言葉なので、もしかしたら覚えている方もいるかもしれません。

練習問題

1. 音声を聞いて①～④の図形の面積を求めてください。その後、正解を確認したら、音声を聞き、英文を見ながら声に出して言ってみましょう。 （解答は *p*.173）

① 077

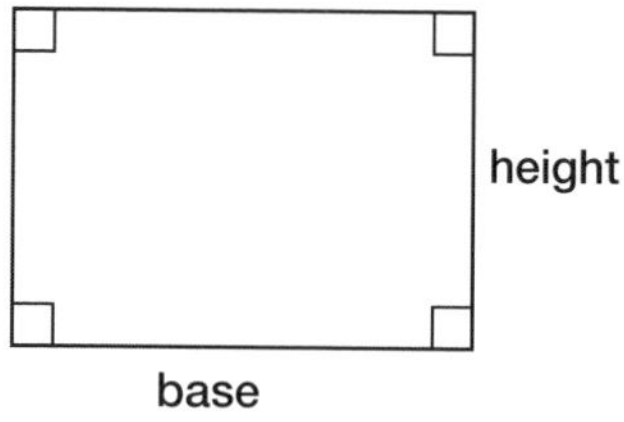

②イ 078

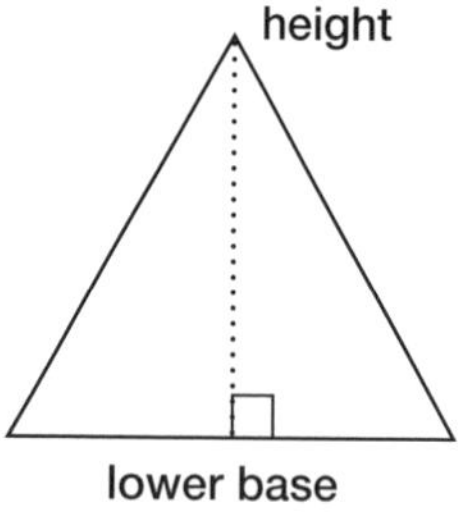

③ 079

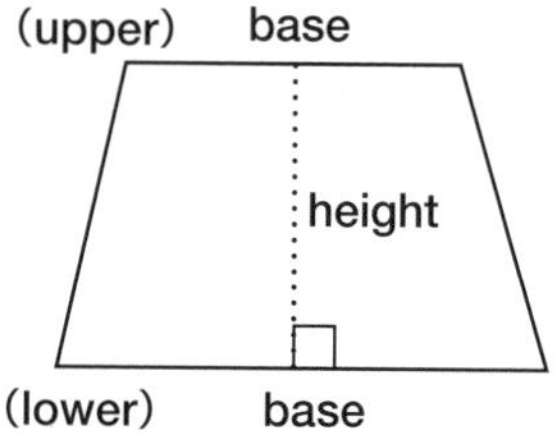

④ 080

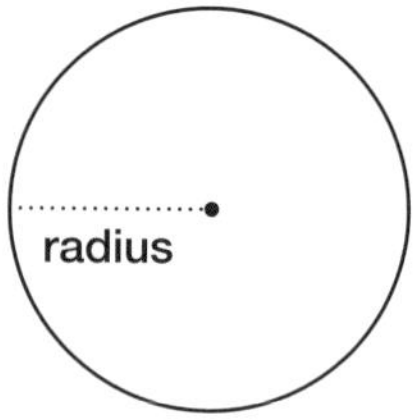

2. 次の英語の文章題を読んで、答えを英語（英語での計算式も含めて）で考えてください。その後、音声を聞いて正解を確認してください。答え合わせが終わったら、音声を聞き、英文を見ながら声に出して言ってみましょう。

（解答は *p*.173）

081

There is a trapezoid. Its upper base is 3 cm long while the lower base is longer than the upper base by 1 cm. Its height is the same as the upper base. Then, what is its area?

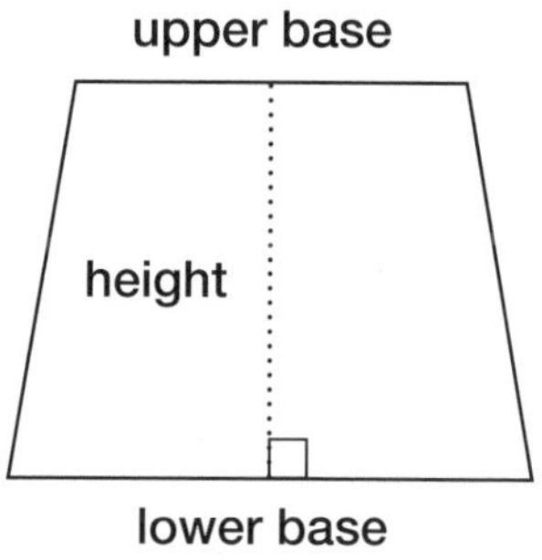

[参考資料] 日常にある代表的な図形の英語表記

082

円

丸　circle
だ円　oval
円柱　cylinder
円錐　cone
球　sphere
柱　prism

三角

三角形　triangle
三角柱　triangular prism
三角錐　triangular pyramid
正四角錐　square pyramid

四角

四角形　quadrilateral（4つの角がある図形の総称）
正方形　square
長方形　rectangle
ひし型　diamond/rhombus
平行四辺形　parallelogram
台形　trapezium（イギリス）/trapezoid（アメリカ）
立方体　cube
直方体　rectangular prism/cuboid

その他の図形

五角形　pentagon
六角形　hexagon
七角形　heptagon
八角形　octagon
九角形　nonagon
十角形　decagon

図形を説明するのに覚えておくと便利な用語

高さ　height
幅　width
奥行　depth
（多面体の各）面　face
辺（ふたつの面が接している）　edge
多角形のひとつの線分　side
頂点　corner（とがった角を表す一般的な単語）
対角線・斜線　diagonals

コラム　音楽の４拍子を英語で言うと？

学校の授業で、数学や英語は座学の定番のような科目ですが、他方、音楽の授業は数字や単位とは無縁そうで、楽しかった思い出がある、と言う方は多いようです。ですが、実は音楽には数字や単位が意外と多く付きまとうのです。例えば、クラス合唱の練習をする際、多くの楽曲で「4分の4拍子」という言葉を見たことがあるのではないでしょうか。これは日本語では、分数を用いた言い方がされますが、英語では“4/4 time (four-four time) signature”と表記されます。一小節（one bar）の中に、基準となる四分音符（a quarter note）が、4つ入ることを意味しています（ちなみに、全音符は a whole note、二分音符は a half note と表現します）。

また、他にも音楽でよく耳にする拍子として、「4分の3拍子」は“3/4 time (three-four time) signature”と、「8分の6拍子」は“6/8 time (six-eight time) signature”と、それぞれ表記されます。日本語のように分数として読むわけではないことに注意です。余談ですが、4/4 time signature の場合、一小節（one bar）の中には、4つの拍（four beats）があるわけですが、表拍は down beat、裏拍は up beat と英語では表現されます。こう考えると、音楽にも、馴染みのある数字や単位が多く含まれていることがわかりますね。また、日本語では聞けばわかるけど、英語ではわからないというものが、意外に多いこともわかります。

Unit 4

算数・数学に関わるその他の表現

日常生活でも使う「四捨五入」や「最大公約数」は英語では何と言う？

Pre-Questions

083

次の英文の下線部に入る言葉を選択肢から選んでください。正解を確認したら、音声を聞き、英文を見ながら声に出して言ってみましょう。

① **If 15.839 is __________ to the closest whole number, it becomes 16.**

② **The __________ between shape A and B is 1 to 3.**

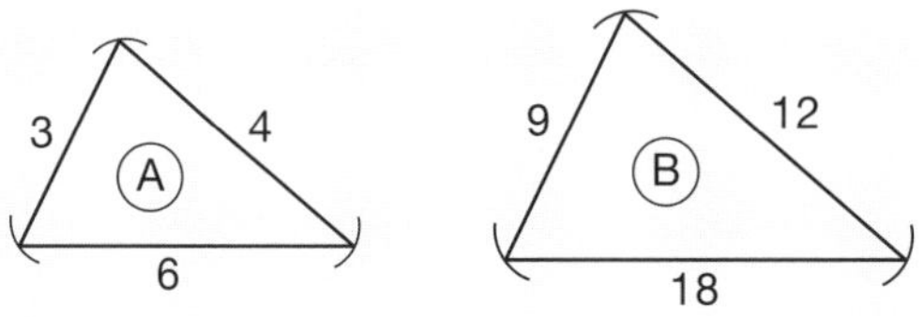

③ **The ______________________ between 35 and 155 is five.**

④ **Seven forty-nineths _______ to one seventh.**

⑤ **The ______ of fifteen(15), nine(9), and seven(7) is nine.**

A scale ratio　**B** median
C greatest common divisor
D rounded off　**E** reduces

正解
① D　15.839 を**四捨五入する**と、一番近い整数は 16 です。
② A　図形 A と B の**相似比**は 1:3 です。す。
③ C　35 と 155 の**最大公約数**は 5 です。
④ E　49 分の 7 を**約分する**と、7 分の 1 になります。
⑤ B　15 と 9 と 7 の**中央値**は 9 です。

算数・数学に関する知識は、日常生活でもたびたび登場することがあります。例えば、「四捨五入」という概念は概算計算や、お勘定などの文脈で聞かれることがあるかもしれません。また、政治のニュースなどで「最大公約数の意見を集約する」など、比喩として使われることもあるのではないでしょうか。

このUnitでは、Part 3のUnit 1からUnit 3の算数、数学の中では取り上げなかったけれども、覚えておくと何かと便利な算数・数学の単位を取り上げていきたいと思います。

日常生活でも使う「四捨五入」

既出のUnitで、「英語（外国語）で数字をスムーズに扱うヒントは、概算で捉える」ということをご紹介しました。この概算（英語ではa rough estimateと言いますが）を可能にするひとつの手立ては、「四捨五入」です。

英語では、round offと言います。角を取って「丸みをつける」というニュアンスをもっている言葉です。

ところで、「四捨五入」というのは、読んで字の如く、「4以下は切り捨て、5以上は切り上げ」とする概算方法です。切り上げはround up、切り捨てはround downと言います。日頃エクセルを使っている方は、関数のROUNDUP、ROUNDDOWNを使ったことがあるかもしれません。また、整数のことはa whole numberと言います（小数は前述の通りdecimalです）。

建築・デザインでも使われる「相似比」

「図形Aと図形Bは相似の関係にある」というような考え方は、建築やデザインの文脈で出てくることがあります。例えば、注文住宅を建てる際など、建築家が作る「実物の100分の1サイズの模型」などのように。この場合、実物と模型の「相似比」は、100：1となります。これを英語で表現すると、

The scale ratio is 100 to 1.

となります。また、相似比とは別の考え方に、「面積比」と「体積比」がありますが、それぞれarea ratio (or surface ratio)、volume ratioと言います。それぞれ、図形のユニットのところで出てきた言葉が含まれていますね。

ミニコラム 比例と反比例

相似の元になっているのは、「比例」という考え方です。「y と x は比例の関係にある」という場合、英語では Y is in proportion to x. という言い方をします。

逆の場合、「反比例」という考え方をしますね。その場合は、Y is in inverse proportion to x. という言い方をします。両方とも、政治のニュースなどの文脈で、比喩的に用いられることもある表現です。

「最大公約数」の意見

ニュースの文脈などで用いられる数学表現で、他によく見るものとして「最大公約数の意見を集約する」などの表現があります。

最大公約数は、英語でthe greatest common divisorと言い、頭文字をとってGCDと言われることがあります。

「最大公約数」と対をなす考え方は、「最小公倍数」です。英語ではthe least common multipleで、頭文字をとってLCMと言います。

ところで、分数と言えば「約分」という考え方があります。「議員の

賛成意見は7/49だった」など、ニュースなどでは透明性を確保する目的で、約分をせずに数字が示されることがありますが、概算計算のためには「議員の賛成意見は全体の1/7だった」のように約分をしたほうがわかりやすいこともあります。

「約分する」はreduceという動詞を使いますが、これは元々「減らす」というニュアンスのある言葉ですので、イメージしやすいでしょう。例えば、7/49を約分すると言う場合は、

Seven forty-nineths reduces to one seventh.

という言い方をします。

統計の基本、mean、mode、median

算数・数学の知識が最も活かされるのは、もしかしたらもっぱら「統計データ」を読み解く際かもしれません。「最大公約数の意見」、「比例」などの実態を把握するためには、どうしても平均を考慮に入れる必要があります。例えば、以下のような数字を考えてみましょう。

2, 7, 8, 9, 5, 7, 8, 1, 4, 6, 7

「平均」はmeanまたはaverageと言いますが、統計用語としてはmeanをよく使うようです。これはすべての数値の和を、母数で割ったものです。この平均は、小数点第1位以下をround off（四捨五入）して、約5.8となります。

次に「中央値」という考え方があります。英語ではmedianです。これは数値を並べていったときにちょうど真ん中にくる数字ということになります。数値を並べてみると、

1 2 4 5 6 <u>7</u> 7 7 8 8 9

となりますので、medianは「7」ということになります。

最後は、「最頻値」と言われるものです。英語ではmodeと言います。これは数列の中で、一番頻繁に出てくる数値のことです。この数列で言えば、「7」が3回登場していてこれが一番多い数値ですから、答えは「7」になります。

今回は、たまたま奇数個の数列でしたが、例えば数列に含まれる数が偶数の場合、真ん中のふたつの数を足して2で割ります（例えば、6と7だったら、6.5のように）。

このような基礎的な統計の考え方は、英語のプレゼンの中にもよく登場しますので、聞いたときに意味がわかるようになっているとよいでしょう。次のPart 4でも、統計を活用したニュースを取り上げます。

ミニコラム　三角形のカテゴリー

中学校の数学の授業などを通して、三角形は比較的馴染みのある図形であると思います。ですが、実は三角形にはいくつかの種類があり、それを覚えるのに苦労したという経験をされた方もいるかもしれません。

三角形と言うと、3つの辺の長さが等しい、正三角形を思い浮かべる方も多いでしょうが、英語では、equilateral trianglesと言います。

また、三角形の中では直角三角形と、二等辺三角形というふたつがなじみがあると思いますが、直角三角形はright triangles、二等辺三角形はisoceles trianglesという言い方をします。

最近は、ポストモダン建築などのように、独特なデザインの建物も多く見られますが、三角形の建物というのもありふれた形として認識されるようになりました。

三角形は一般的にはtrianglesですが、より詳しく説明をする際にはどのような三角形なのかをしっかり表現できるとなおよいですね。

練習問題

1. 音声の後に続いて、以下の英文を発音してください。

084

① 21 と 7 の最大公約数は 7 である。

The greatest common divisor between twenty-one and seven, is seven.

② 2と 10 の最小公倍数は 10 である。

The least common multiple between two and ten, is ten.

③ 8 分の 4 を約分すると、2 分の 1 になる。

Four eighths reduces to one half.

2. 次の英語で書かれた数字に関わるクイズの答えを考えてください。解答が終わったら、音声を聞いて正解を確認しましょう。そのあと、発展学習として音声を聞きながら、英文を見て声に出して言ってみましょう。 (解答は *p*.173)

085

① **If 15.839 is rounded off to the closest whole number, it becomes ? .**

15.839 を四捨五入すると、一番近い整数は？になる。

② **What is the scale ratio of enlargement from shape A to B?**

図形 A と図形 B の相似比は何でしょうか。

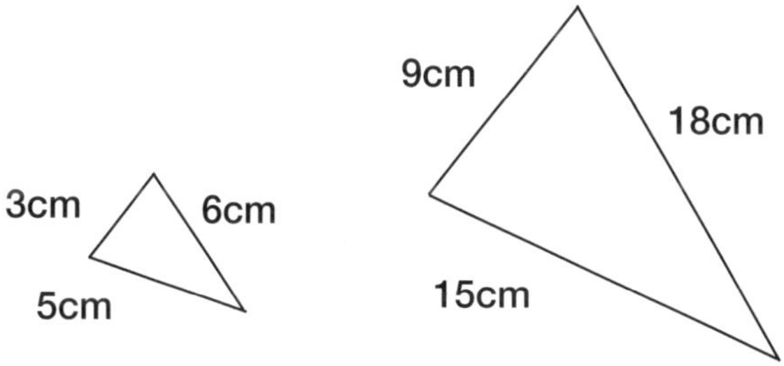

③ The greatest common divisor between 35 and 155 is ? .

35 と 155 の最大公約数は ? である。

④ Seven forty-ninths reduces to ? .

49 分の 7 を約分すると ? である。

⑤ The median of 15, 9, and 7 is ? .

15、9、7 の中央値は ? である。

3. 次の英語のニュースを聞いて、下線部に入る言葉をディクテーションしてください。その後、音声を聞いて正解を確認してください。その後、発展学習として音声を聞きながら、英文を見て声に出して言ってみましょう。 （解答は *p.*174）

086

Yesterday, the government announced the implementation of special cash. In order to realize this plan, a _______ additional budget will be required. With the __________ of household income being about _________________, the majority of public opinion seems to be somewhat against the policy for fear of another tax increase.

昨日、政府は特別給付金の実施を発表した。この計画を実現するためには、1 兆円の追加予算が必要となる。世帯年収の平均が 550 万円程度であることから、再増税を恐れて、その政策にはやや反対の世論が多いようだ。

コラム　時間や日数を表す独特の表現

decade [dékeɪd] は、「10 年」を表す単位で、会話などでもよく使われる表現です。なお、20 を表すのは score です。アメリカ合衆国の第十六代大統領 Abramah Lincoln 氏の、「ゲティスバーグ演説（Gettysburg Address)」の出だし、“Four score and seven years ago, (4 score (4 x 20) + 7 = 87 年前)” というのは有名な一節です。

このように、英語にはまとまった単位を表す言葉がいくつかあり、覚えておくと便利です。

例えば、2 週間を表すのに、fortnight [fɔ́:tnàɪt] という表現があります。これは古英語で、fourteen nights を表す言葉から派生したもので、主にイギリス人が好んで使う傾向がある表現とされています。アメリカでは、シンプルに two weeks という表現を使う人が圧倒的に多い傾向がありますが、覚えておいて損はない表現と言えるでしょう。

また、「ずいぶん前」ということを表すのに、a long time ago や many years ago という表現を聞いたことがある方も多いかと思いますが、それと同じぐらい使われる表現として many moons ago という表現があります。月の満ち欠けを基準にして、それが何回も繰り返されたということから「ずいぶん前」というニュアンスだと考えるとしっくりくるかもしれません。

このように英語では、時間（日数）を示すのに、具体的な数字を使わずに使われる表現があります。覚えておくと便利でしょう。

Unit 5

社会にまつわる数字を英語で言う

世紀、年、年代、人口、面積の表し方を学ぼう。

Pre-Questions

087

音声を聞き、下線部をディクテーションしてください。正解を確認したら、発展学習として音声を聞きながら、英文を見て声に出して言ってみましょう。

① The period of one hundred years from 1901 to 2000 is called ___________________.

② The world experienced an oil crisis twice ___________.

③ A huge earthquake hit the Kansai area of Japan _______.

④ Japan's land area is approximately ________________________.

⑤ The population of the UK is estimated to be ________________.

正解 ① the twentieth century　1901年から2000年までの100年間は20世紀と呼ばれる。
② in the 1970s　1970年代、世界は2度のオイルショックを経験した。
③ in 1995　1995年、日本の関西地方で大きな地震が起きた。
④ 380,000 square kilometers　日本の国土面積は約38万平方kmである。
⑤ about 670,000,000　イギリスの人口は約6700万人である。

学校で習った知識の中で、卒業後もっとも長く付き合うことになるのは、社会科の知識ではないでしょうか。社会科の授業では、大きく分けて地理、歴史、政治・経済の知識を学ぶわけですが、そこでも人口、面積、年代などのような数字に関わる知識が登場します。このUnitでは、社会科で扱われる数字に関する知識を英語で表現できるようになることを目指していきます。

世紀を表現するには序数を使う

「19世紀、イギリスで産業革命が起こった」、「20世紀には二度の世界大戦が起きた」などと、社会科の学習では世紀に関する表現が出てきます。日本語では、「19」、「20」という数字の後に世紀という言葉をつけるわけですが、英語では少し勝手が違います。世紀を表す場合には、first, second, ... tenth, ... twentiethのように序数の形を用います。

また、序数を使う際には通例、theを同時に用います。ですので、「20世紀」は、英語ではthe twentieth centuryと表現するわけです。これは通常、A.D.（Anno Domini、紀元後）のことを表します。例えば、紀元前3世紀と言いたい場合には、B.C.（Before Christ、紀元前）という言葉をつけて、the third century B.C.と表現します。

年、年代を表す前置詞は in

Part 2で、数や単位の表現には、一緒に用いる前置詞があることを紹介しました。ここで紹介する前置詞は、年や年代を表す前置詞のinです。前置詞のinは、onやatよりも広い範囲を指す際に用いられます。inを用いた表現として、このUnitでは、社会科の中でよく扱われる、年と年代を表す表現に注目をしてみましょう。

例えば、「1997年」のように、その年全体を示したい場合、in 1997という言い方をします。この年を表す表現には、Part 1で扱ったような3桁ずつに区切られたコンマはありません。年代を示す場合には、19と97をぞれぞれ区切って、in nineteen ninety-sevenという読み方をします。ただし、in 2000の場合は、区切りのいい年ということで、よくtwo thousandという言い方をします。

ミニコラム **2005年はどう言うか？**

「2005年」のように、2000年代 (0年代) を表す場合、two thousand fiveという場合と、twenty oh fiveという場合のふた通りがあります。「どちらが正しいのか？」と悩んだことのある方も少なくないでしょう。正しくは、上記で紹介した通りtwenty oh fiveです。

ところが、0年代初頭、当時のアメリカの大統領George W. Bush氏が、メディアでtwo thousand... と発言することが多く、その結果、このような言い方が定着したという考え方もあります（諸説あり)。

同じように、「1980年代」のように、「10年間」をひとかたまりにした時間の捉え方をする場合にも、inを用いてin the 1980sと言います。定冠詞のtheを伴うことと、10年は複数という扱いをするのでsを伴うことに注意しましょう。

in以外にも、年代を示す際によく用いられる前置詞としてduringがあり、during the 1980sという言い方をします。また、「10年間」を表す単位としてdecadeがあります。decadeを使って、during the decade of the 1980sなどという言い方もよくされます*。

人口や面積を表す場合は、主語に注意！

数字が取り上げられるのは、歴史だけではありません。地理や政治・経済の授業でも、例えば人口や面積などを表現する場合に数字が用いられることが多くあるかと思います。年代に比べると、扱う数字の桁も大きくなるので、そのぶんハードルも高くなるように感じられるかもしれませんが、ポイントを押さえてクリアしていきましょう。

*duringの代わりにinを使うこともなくはないのですが、the decadeの前には、duringのほうが圧倒的によく使われるようです。

まず、ある国や地域の面積（国土）を話題にする場合を考えてみましょう。面積は、前のUnit3で出てきたareaという言葉を使います。そして、国土の面積を表す場合にはland areaと表現します。例えば、「日本の国土」という場合には、Japan's land areaまたはthe land area of Japanという言い方をします。

人数を問題にする場合、中学校の教科書ではthere is/areの構文の形を用いることが多かったのを覚えている方も多く、"There are about 120,000,000 people in Japan."などの表現が思い浮かびがちです。もちろん、こう言っても伝わらないことはないのですが、「人口」そのものを問題にする場合、"The population of Japan is about 120,000,000."と、主語はthe populationとしたほうが自然です。また、人口は年によって多少の変動があるので、「2020年現在で」のような表現を同時に使うことが多いですが、この場合には、as of 2020と言います。面積と人口を問題にする場合、ぜひ主語には注意してください。

練習問題

次のふたつの英文の音声を聞き、下線部をディクテーションしてください。正解を確認したら、発展学習として音声を聞きながら、英文を見て声に出して言ってみましょう。 （解答は *p.*174）

088

① The land ____ of the United States of America is about ___ ________________________, which is equivalent to ________ _______ of Japan.

089

② ________________, the First Industrial Revolution occurred in the UK. Today, we are in the midst of a fourth industrial revolution due to rapid digitalization and other factors. Ray Kurzweil predicts that the fourth industrial revolution will reach technological singularity ______.

Unit 6

建築にまつわる数字を英語で言う

築20年とか、10階建てのビルのように日常よく使われる言葉は英語で何と言う？

Pre-Questions

090

下線部の数字が含まれる表現を、それぞれ英語で表現してください。その後、音声を聞いて正解を確認してください。正解を確認したら、発展学習として音声を聞きながら、英文を見て声に出して言ってみましょう。

① 3階建てのビル
② この建物の4階
③ 一坪
④ 70dB以上の騒音
⑤ この家は築30年だ。
⑥ 東京ドーム約3個分の広さだ。

正解
① a three-story building
② on the fourth floor of this building
③ one tsubo (A Japanese unit of areal measure, about 35.5 square feet)
④ noise over 70 decibels
⑤ This house is 30 years old.
⑥ It's about three times as big as the Tokyo Dome.

高校や大学で、資格試験として人気があるのは、英語検定だけではありません。例えば、住宅検定のように、技術・家庭の授業とリンクした検定もあります。住宅や建物に関する知識は、社会に出てからかなりの頻度で活用する知識のひとつではないでしょうか。

このUnitでは、住宅や建物に関連する数値を英語で言うとどうなるのか、取り上げていくことにしましょう。

「何階」と「何階建て」は微妙に言い方が異なる

多くの方が建物の「階」という言葉を考えるときに「フロア」floorという英語を思い浮かべるのではないでしょうか。例えば、「ここは（ビルの）4階だ」と言う場合、the fourth floorと言いますね。「フロア」という語は、もうすでにカタカナ語となって定着しているようです。

それでは、次に「これは5階建ての建物だ」という場合を考えてみましょう。もしかしたら、階＝floorに引きずられて、a five-floor buildingと考えてしまう方がいるかもしれませんが、これは間違いです。「5階建て」という場合には、a five-story buildingという表現を使います。アメリカ英語ではstory、イギリス英語ではstoreyと綴られることが多いです。5階建てということは、「5つの異なる人生のストーリー」が展開されている建物、と覚えておくと記憶に残りやすいかもしれません。

「一坪」を英語で言うと？

建物の表現の仕方がわかったら、次は「坪数」が知りたくなりますね。坪数の少ない狭い小住宅だった場合は、窮屈な生活を強いられるかもしれないという不安があります。

当然、「一坪」は日本独自の表現ですので、日本の住宅事情や背景を知らない相手にone tsuboといっても、通じることは期待できません。「坪」を説明する場合にはa Japanese unit of areal measure（日本の面積基準の単位）という説明をつけることができます。

でも、これだけですと、聞いた相手は具体的な数値を求めてくるでしょう。一坪は、「約3.3平方メートル」、「約35.5平方フィート」に換算されます。それぞれ、about 3.3 square meters、about 35.5 square feetなどと表現するとよいでしょう。

最近は、スマホのアプリですぐにフィートやヤードへの換算ができるようになりましたので、このような外部ツールもあわせて上手に活用しましょう。

「築30年」を英語で言うと？

建物の大きさがわかったら、次に気になるのは、その建物が「築何年か」という情報ではないでしょうか。 建物があまりにも古すぎると、特に地震国である日本では、耐震強度（英語ではearthquake-resistant strengthと言われることが一般的です）の問題が非常に気になるところです。

「築何年」という日本語から考えると、難しい表現をするように思えるかもしれませんが、実は建物の「築何年」の情報は、人間の年齢の示し方と一緒です。例えば、「この建物は築30年だ」と言う場合にはThis building is 30 years old.なのです。そのまま日本語に訳すと「この建物は30歳だ」となり、なんだか奇妙な感じがしますが、英語では一般的にこのような言い方をします。それ以外にも、以下のような言い方をする場合もあります。

・It has been 30 years since this building was constructed.
・Thirty years have passed since the construction of this building.

両方とも現在完了形を使うことで、「竣工」から現在までの時間の経過を表現しているわけですね。

気になる騒音

最後は建物の周辺環境が気になるかもしれません。騒音を表す単位はdecibelsです。例えば、建物の前を大きな国道が通っていて、「70db

以上の騒音」と英語で表現する場合には、noise over 70 decibelsと言います。

「東京ドーム３個分」の広さ

最後に紹介したい表現は、広さを表現する比較表現です。日本語では広さを表す際にランドマークとなるものを基準にして、「東京ドーム何個分」、「甲子園球場何個分」などのような言い方をすることがありますが、これを英語で表現する場合、次のようになります。

・It's about three times as big as the Tokyo Dome.
・It's as big as three Tokyo Domes.

当然、日本の事情を知らない外国人は、東京ドームと言われてもピンときません。また、英語圏では、地理的な条件もあり、誰もが知っているランドマークに当たるようなものを見つけることが難しいという事情もあります。むしろ、下記のように「スタジアムを何個分」というような言い方をすることが通例です。

・It's about three times as big as a ballpark.
・You can fit three football fields in there.

練習問題

音声を聞き、下線部をディクテーションしてください。正解を確認したら、発展学習として音声を聞きながら、英文を見て声に出して言ってみましょう。
(解答は *p*.174)
091

The rental office is located ______________________________ ________, with an area of ___________________________ ____. The building is ___________________, and the price is considered exceptional considering the location.

Unit 7
言えそうで言えない数字のいろいろ

ここでは日常生活の言えそうで言えない数字を見ていこう。

Pre-Questions

092

下線部の数字が含まれる表現を、それぞれ英語で表現してください。その後、正解を確認したら、発展学習として音声を聞きながら、英文を見て声に出して言ってみましょう。

① **予定到着時刻は 11 時 45 分です。**

② **ミーティングは隔週で行います。**

③ **視力は 1.0 です。**

④ **血圧は上が 112、下が 75 です。**

⑤ **あのショップは年中無休です。**

正解 ① My ETA is 11:45.
② We have a meeting every other week.
③ My vision is twenty-twenty.
④ My blood pressure is 112 over 75.
⑤ That shop is open twenty-four seven.

予定到着時刻

スマホの普及によって、公共交通機関や飛行機だけでなく、個人的な待ち合わせの場面でも「到着予定時刻」を伝えることが一般的になったと言っても過言ではありません。到着予定時刻は、英語ではestimated time of arrivalと表現し、もっぱら頭文字をとってETAと表現されます。例えば、「12時17分に到着ですよ」と言う場合、My ETA is 12:17.という言い方をします。反対に、「出発予定時刻」は英語では、

estimated time of departureで、こちらも頭文字をとってETDと表現されます。

「各週」と「隔週」

日本語の非母語話者にとって、聞き分けが難しい単語というのはいくつかありますが、その中のひとつに「各週」と「隔週」があげられるそうです。「各週」「毎週」は、英語で言えばevery week、each weekと表現できることは想像に難くないですが、「隔週（＝２週間に1回）」はどのように表現するでしょうか。言い方としては、以下のふた通りです。

・every two weeks or every other week
・once in two weeks

every other...は、覚えておくと汎用性の高い表現です。例えば、every other monthは2カ月に1回＝隔月、every other yearは隔年（2年に1回）です。everyを使った頻出表現としては、every ten years＝10年に1回などもあります。

ミニコラム 「年１回」を表す話し言葉と書き言葉

「年１回」はonce a year、２年に１回はonce in two yearsまたはevery two years [every other year] という言い方を紹介しました。これはもっぱら話し言葉として用いられる表現です。書き言葉では、「年１回」はannually、「隔年」はbienniallyという副詞がそれぞれ用いられます。特にこのふたつの副詞表現は、ビジネス文章などでもよく見かける表現ですので、覚えておくと便利です。

視力 1.0

視力検査で、「右目1.0、左目1.0」のような言い方をよく聞きます。

これは実は英語圏では異なる示し方をします。英語では、小数(decimal)を使わず、20フィート（=およそ6メートル）の距離で認識できるものということを基準に示し、分数（fraction）で表します。20/20は「20フィートの距離にあるものを20フィートの場所から見ることができる」という意味になります（約分をすれば1/1、1.0になりますね）。20/40は「40フィートの距離にあるものが、20フィートの距離で見ることができる」となります（約分をすると0.5です）。

以下の表に、いくつか例を示しておきます。

093

日本語（decimal + reduction）	英語（fraction）
視力1.0	20/20
視力0.8	20/25
視力0.5	20/40
視力0.1	20/200

ミニコラム Hindsight is twenty-twenty. の意味は？

英語の慣用句にHindsight is twenty-twenty. という表現があります。hindsightは、「（現在から過去を）振り返ってみた景色」というニュアンスの言葉です。それが、視力「20/20（= 1.0）」なので、「よく見える」というのす。つまり、この慣用句は、「後になってみれば何とでも言える」という意味になります。

気になる血圧の表示

慣れないことをしていると、つい血圧が上がってしまう経験をされた方も少なくないのでは。血圧は「上が～、下が～」という言い方をします。英語でも示し方は同じです。ただし、upやdownを使うわけではなくMy blood pressure is 112 over 85.と言います。

24時間営業のお店と年中無休のお店

最後は、「24時間営業」です。和製英語ですと、24 hoursのような言い方をよく見かけるかもしれません。英語では、24 hours [24-hours] storeで「24時間営業の店」という意味になります。では、「このお店は年中無休です」と説明したい場合には、どのように説明をするとよいのでしょうか。一般的には以下のような表現が用いられます。

This shop is open twenty-four seven (24/7).

このショップは、「1日24時間、週7日、開いています」というニュアンスです。あるコンビニの店名の由来から想像して、「24時から7時まで開いています」という意味に誤解しないようにしましょう。

練習問題

次のふたつの英文の音声を聞き、それぞれ、下線部をディクテーションしてください。正解を確認したら、発展学習として音声を聞きながら、英文を見て声に出して言ってみましょう。 （解答は *p.*174）

094

① In a moment, the Hikari Super Express _______ bound for Nagoya will be departing from Tokyo Station ___________. We will stop at Shinagawa, Shin-Yokohama, and Shizuoka before arriving at the Nagoya terminal. _______ is _____.

095

② In our company, all employees are required to have a medical check-up ______________. My result this time suggested that I might have to improve my diet. My blood pressure was __________, which is slightly higher than average. My vision this time was _____, but it was _____ two years ago. The clinic is ____________________, which is very convenient for busy office workers like us.

Part 3 トレーニング問題

1. 次の数式を英語で読んでください（左辺と右辺の両方）。答えが、「？？？」となっているものについては、答えを英語で解答をしてください。正解を確認したら、発展トレーニングとして音声を聞きながら、英文を見て声に出して言ってみましょう。 （解答は p.175）

096

① **25 + 17 = ???**

② **57 - 29 = ???**

③ **24 × 12 = ???**

④ **98 ÷ 49 = ???**

⑤ **27x + 3y ≧ 12**（数式を読んでください）

⑥ **y = 13x + 9**（数式を読んでください）

097

⑦ $2x^2 + 3x + 1$ （因数分解した結果を読んでください）

ヒント $= (x + 1)(2x + 1)$

⑧ $(2x - 1)^2$ （展開した結果を読んでください）

ヒント $= 4x^2 - 4x + 1$

⑨ $\sqrt{98} = ???$ （答えを読んでください）

ヒント $= 7\sqrt{2}$

コラム 乾電池の大きさの表し方

乾電池 (battery) は、小・中学校時代から日常生活まで幅広く見聞きしたり、使用されてきたのではないでしょうか。電池の種類には、マンガン電池とアルカリ電池、さらにはイオンリチウム電池などがあります。

さて、この乾電池の大きさは、「単１乾電池」や「単３乾電池」のような数字を用いた表記のされかたが日本ではされていますが、英語圏ではどのように表現するのでしょうか。

AAA 単４　　AA 単３　　C 単２　　D 単１

おそらく一番よく使う単３は AA、それより一つ下のサイズは AAA になるのです。単２が C で単１が D となります。最近は日本で売られている電池にも、この英語式の表記が併記されているので、英語圏の人にサイズなどを伝えるときは、こちらのほうのアルファベット表記を用いてあげると親切です。

2. 音声を聞いて、①～④の図形の面積を求めてください。正解を確認したら、発展トレーニングとして音声を聞きながら、英文を見て声に出して言ってみましょう。 （解答は p.175）

① rectangle

098

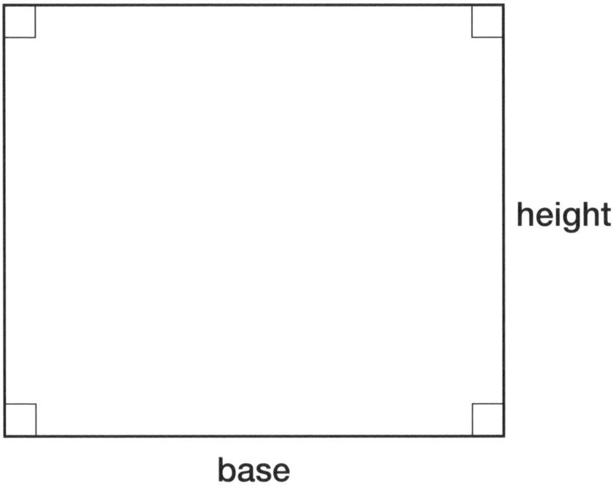

② triangle

099

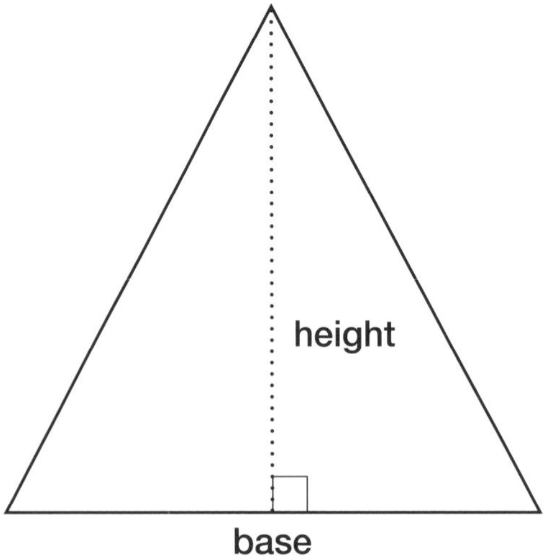

③ parallelogram

100

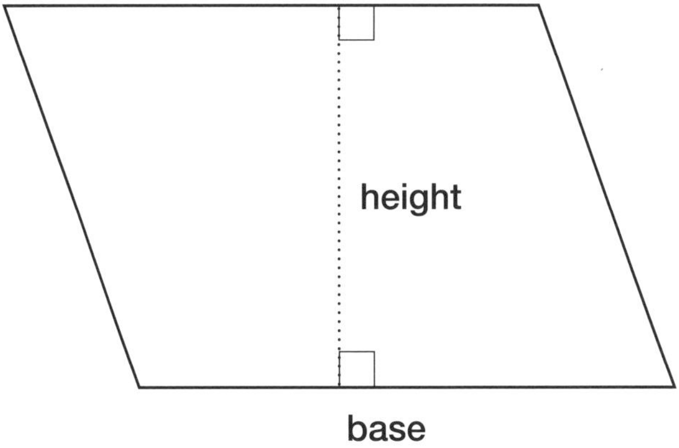

④ circle

101

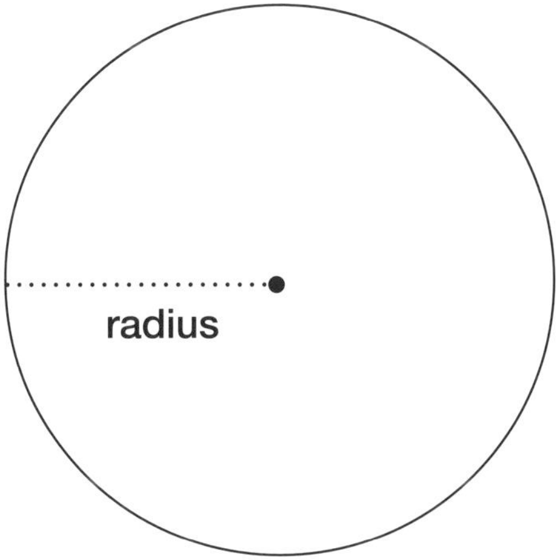

3. 音声の後に続いて、以下の英文を数字に注意しながら発音してください。理解できるまで何度も繰り返し声に出して練習してみましょう。

102

① 96と12の最大公約数は12である。

The greatest common divisor between 96 and 12, is 12.

② 16と12の最小公倍数は48である。

The least common multiple between 16 and 12, is 48.

③ 8分の4を約分すると、2分の1になる。

4/8 reduces to 1/2.

④ 徳川幕府の政治は1603年から1867年まで、約260年間続いたと言われている。

It is said that the Tokugawa shogunate continued from 1603 to 1867, for about 260 years.

⑤ 645年に日本で起きた政治の革命は、一般的に「大化の改新」として知られている。

The political revolution that happened in 645 in Japan is commonly known as the Taika Reforms.

⑥ 2020年現在、愛知県の工業出荷額は約48兆円と言われている。

As of 2020, the value of industrial shipments in Aichi Prefecture was estimated to be approximately 48 trillion yen.

103

⑦ 2022年の統計では、大阪には約28万社の企業があると言われる。

According to the statistics in 2022, there were about 280,000 companies in the Osaka area.

⑧ バチカン市国の面積は、0.44平方キロメートルで、世界で一番小さい独立国である。

The land area of the Vatican is 0.44 square kilometers, making it the smallest independent country in the word.

⑨ 宇宙には2兆個の銀河が存在していると推定されている。

There are estimated to be 2,000,000,000,000 galaxies existing in the universe.

⑩ 人間の腸内には100兆個の細菌が住んでいるという医者もいる。

Some doctors say there are 100,000,000,000,000 bacteria living in the human intestines.

⑪ 最近、スーパーコンピューターを使えば、円周率を100兆桁まで計算することさえできる。

Nowadays, supercomputers can even calculate 100,000,000,000,000 digits of pi.

⑫ 科学者たちによれば、海に漂っているプラスチックごみは約3,640億ポンドになると見積もられる。

Scientists estimate that about 364,000,000,000 pounds of plastic garbage floats in the ocean.

コラム　童謡『めだかの学校』の「学校」とは？

小学生の頃、音楽の時間に『めだかの学校』という童謡を歌ったのを覚えています。当時、この学校という言葉が何を指すのか、さっぱりわからなかった覚えがあります。が、わたし（佐藤）が学生時代に、イギリス文学の授業をとった時に、「a school of fish（魚の群れ）」という表現に出会いました。そこで、ハタと閃いた私が「これが『めだかの学校』の由来でしょうか？」と無邪気に尋ねると、先生は半分苦笑いで「それはわかりませんが…」と答えてくださったことがありました。

そこで気になって、英語の「動物の群れ」を表す言葉を調べてみると、これがまた実に複雑な表現があることを知りました。代表的なものをいくつか紹介します：

a school of fish : 魚の群れ（a shoal of fish という言い方もあります）

a pack of wolves coyotes: オオカミ / コヨーテの群れ（pack は肉食動物の群れを指す場合です）

a herd of deer/reindeer : 鹿 / トナカイの群れ（deer も単複同形名詞です、herd は草食動物などの大型の動物の群れを指す言葉です。a herd of whales（クジラの群れ）という言い方もできます）

a flock of sheep : 羊の群れ（sheep は複数形も sheep です、flock は「あつまり」を指す言葉です）

a swarm of bees : 蜂の群れ（swarm は昆虫などの群れを指す言葉です）

＊関連コラムが *p*.162 にあります。

Part 4

総合トレーニング

これまでに練習してきた数字と単位の総まとめ。
ニュースやレポートに出てくるような少し長めの文のあとは
数字を使う慣用句やことわざのトレーニングで締めくくり！

Unit 1

さまざまな数字を含む記事を英語で読む

今まで学習したことの総合問題です。ここでは、統計資料に出てくるような数字を用いた記事やレポート、ニュースなどを聞く練習を通して、大きな数字や単位に関してのそう復習をして理解を深めていきましょう。

音声を聞き、下線部をディクテーションしてください。答え合わせが終わったら、発展学習として音声を聞き、英文を見ながら声に出して言ってみましょう。

① 104 （解答は*p*.175）

According to linguists, the number of native speakers of English in the world is estimated to be approximately ____ ______, including countries like the USA and the UK. On the other hand, the number of non-native speakers of English is estimated to be ___________________, over ______________ than that of native speakers. This means the English is the de facto global language of today.

言語学者によると、英語を母語とする人の数は、アメリカやイギリスを含めて世界で約４億人と推定されている。一方、英語を話す人で英語を母語としない人の数はおよそ17億人と推定され、母語話者の４倍以上となっている。このような言語に関する人口統計から、英語は事実上、今日の世界共通語とされている。

語注 **the number of...**：～の数／**estimated to be...**：～と推定されている
on the other hand：一方で／**demography**：人口統計／
de facto：事実上の

② 105 （解答は*p*.176

Statistics from the National Institute of Infectious Diseases suggest that the number of people newly infected with syphilis, a sexually transmitted disease, is currently increasing.

In ____________, the number of reported cases was _____, based on data from between the 4th of January and the 28th of November in 2021. This number was found to be approximately ___ _________ than that of the same period the previous year. If categorized by age group, males aged _______, which is ____ of all males, and females aged _______, ____ of all females, accounted for the most infections.

国立感染症研究所の統計によると、現在、性感染症である梅毒に新たに感染する人が増えているようだ。2021年1月4日から11月28日までのデータを基にした2021年12月の感染者報告数は6,940人である。この数は、昨年同時期の約1.4倍と判明している。年齢別に分類すると、男性は25～29歳で全体の14%、女性は20～29歳で全体の34%と、それぞれ最も多くなっている。

語注 **newly infected**：新たに感染した／ **syphilis**：梅毒／
reported cases：報告事例／ **the same period**：同じ時期

③ 106 (解答は*p.*176)

______, the world's entire population is said to have reached _______. According to statistics from the United Nations, China's population in 2022 was 1,426 million, while India's reached ___________. It is reported that India will be the most populated country in the world ______. China's one-child policy has resulted in a birthrate decline and an aging population.

2022年、世界全体の人口は80億人に達すると言われている。国連の統計によると、2022年の中国の人口は14億2,600万人、インドは14億1,200万人に達している。2023年にはインドが世界で最も人口の多い国になると言われている。中国の一人っ子政策が中国の少子高齢化を招く結果になったと言われている。

語注 **world's entire population**：世界の総人口／
one-child policy：一人っ子政策／ **birthrate decline**：出生率の低下／
aging population：高齢化

＜補足＞　十億の位を表す言葉は、一般的にはone billionですが、ニュースなどの場合、thousand millionなどのような言い方をすることがあります。(詳しくは*p.*157のコラムを参照)

④ 🔊107 (解答はp.176)

The supercomputer *Fugaku* was developed as a successor to the *Kei* computer. Incidentally, the name *Kei*, which means ___ _________ in Japanese, comes from the fact that it can perform ____________ calculations per second. Fugaku is said to be ________ faster than the *Kei* computer, so theoretically it can perform _____________________ calculations per second. In ____, *Fugaku* has already been ranked number one in the world for the ________.

スーパーコンピューター「富嶽」は、「京」の後継機として開発された。ちなみに、「京」という名前は、1秒間に1京回の計算を行うことができることに由来している。富嶽は「京」の100倍速いと言われているので、理論上は1秒間に1京の100倍の回数で演算ができることになる。2022年には、富嶽はすでに通算6回目の世界一を達成した。

語注 **successor**：後継機／**quadrillion**：1000兆、**ten quadrillion**で1京／**calculations**：演算・計算／**be ranked as...**：～としてランクする

⑤ 🔊108 (解答はp.176)

Mr. Tanaka has the same portfolio of US stocks as Warren Buffett, who is also known as the Sage of Omaha. He manages ____________________ yen in assets and expects _______ ____________. In other words, he gains ________________ ________.

田中さんは、「オマハの賢人」とも呼ばれるウォーレン・バフェット氏と同じ米国株のポートフォリオを持っている。約700万円を運用し、年率5%のリターンを見込んでいる。つまり、年間35万円のリターンを得る。

語注 **portfolio**：ポートフォリオ（株式の配分）／**US stocks**：米国株
a return：配当金

⑥ 109 (解答はp.176)

Company A's trendy yogurt-based drink is said to contain ____ ______ lactobacilli _________ that can reach the intestines before being digested. This drink tends to be resold at a high price due to its popularity and is sometimes sold online for _____ __________ per bottle. The government is now thinking about introducing regulations to take measures against this issue.

A 会社の流行となったヨーグルトテースト飲料には、生きて腸まで届く乳酸菌が100ml に 1000 億個含まれているとされる。この飲料製品はあまりの人気のために高額転売される傾向があり、一本 1,000 円以上でオンラインストアで売られていたりもするようだ。政府はこの問題に対処するため、適切な規制を導入することを検討している。

語注 **lactobacilli**：乳酸菌／**intestines**：腸／**regulations**：規制／**take measures against...**：～に対して対処する

⑦ 110 (解答はp.176)

According to Thomas Piketty, the eminent economist and author of Capital in the Twenty-First Century, about ____ of the world's wealth, which amounts to ________________________ (USD), is owned by the top 1% of the wealthiest people. On the other hand, the __________ of the poor hold only about ______________ in total, which is nothing ___________ of global wealth. This skewed distribution of wealth represents the huge gap between the haves and have-nots in today's world.

『21 世紀の資本』の著者で著名な経済学者トマ・ピケティによれば、世界の富の約38%、約 141 兆ドル（USD）は、上位 1%の富裕層が所有しているとのことである。一方、下位 50%の貧困層は合計で約 7 兆ドル（USD）しか保有しておらず、これは世界の富の 2%に過ぎない。この富の偏在は、現代社会における「持つ者」と「持たざる者」の大きな格差を表象している。

語注 **eminent economist**：著名な経済学者／**global wealth**：世界の富／**nothing more than...**：〜に過ぎない／**represent**：象徴、表象している

⑧ 111 (解答はp.177)

Company B will open its first gigantic Asia-Pacific base office in Japan ______ as part of its global strategy. The new facility, which will be located in the suburbs of Tokyo, will improve business operations dramatically. The company is going to build ____________________ on ______________ by investing ____ ____________. After construction, a total of 7,690 employees will eventually work in the building. It is estimated that the construction of this building will raise business productivity ___ _________.

B社は、グローバル戦略として2024年に日本初の巨大なアジア太平洋の拠点オフィスを開設する。東京近郊に開設される新拠点は、同社のビジネスオペレーションを飛躍的に向上させる。54,678平方メートルの土地に、7億3千万ドルを投じて20階建てのビルを建設する予定だ。建設後は、結果的に総勢7,690人の従業員がこのビルで勤務する予定である。この建物の建築によって、ビジネスの生産性が15%向上するであろうと見積もられています。

語注 **gigantic**：巨大な／**Asia-Pacific base office**：アジア太平洋の拠点オフィス／**dramatically**：劇的に／**eventually**：結果的に

⑨ 112 （解答はp.177）

________________, Japan experienced _______ of rapid economic growth. However, the first oil shock _______ created a price frenzy. _______, in the aftermath of the Iranian Revolution, the second oil shock occurred, triggering further anxiety.

1955年から1973年までの19年間、日本は高度経済成長期を迎えたが、1973年に第一次オイルショックが起きて狂乱物化が出来した。1979年にはイラン革命の余波から第二次オイルショックが起こり、さらなる不安にさらされることになる。

語注 **rapid economic growth**：高度経済成長／**a price frenzy**：狂乱物価／**aftermath**：～の余波、～の後／**trigger**：～の引き金となる

コラム thousand millionとは？

十億の位を表す言葉は、一般的にはone billionとなります。ですが、p.153のように、例えば、「14億2600万」のような数字を、ニュースの音声として読む場合、one billion, four hundred twenty-six millionのような読み方をすると、billionとmillionというふたつの桁が混在することになり、視聴者にとっては内容をスムーズに理解することの妨げとなることがあります。

そこで、ニュース音声などでは、桁をどちらかに統一する場合があります。例えば、14億という数字を読む場合にはone point four billionという言い方をするのはすでに紹介したと思います。ですが、「14億2600万」のように、million側に合わせたほうが聞き取りしやすそうな場合には、one thousand four hundred twenty-six millionという言い方をする場合もあります（特にイギリス英語でこの傾向が強いようです）。

数字や単位と上手に付き合うコツのひとつは、本書でもたびたび紹介してきましたが、あまりルールに縛られすぎずに柔軟に、ざっくり考えてみるということかもしれません。

Unit 2

数字にまつわることわざ・慣用句

次は英語の数字にまつわることわざを紹介していきましょう。
音声を聞き、下線部をディクテーションしてください。
答え合わせが終わったら、発展学習として音声を聞き、英文を見ながら声に出して言ってみましょう。

113

(解答は*p*.161)

① 英語： **Kill ___ birds with ___ stone.**

日本語：一石二鳥

ひとつの石を用いて二羽の鳥を殺すことから、ひとつの行為でふたつの利益を得るという意味になります。

② 英語： **Rome was not built ______.**

日本語：ローマは一日にして成らず。

不定冠詞の a は、one が語源であるとされています。a day は one day という意味です。

③ 英語： **Buy ___, get _______.**

日本語：ひとつ買うと、もうひとつサービスします。

"If you buy one, you will get one free." という言葉を慣用句的に言ったものと考えてください。スーパーなどの広告でよく見かけます。

④ 英語： **She is ______________ regarding presentations.**

日本語：プレゼンで彼女の右に出るものはいない。

"none= ゼロ " の "second to= となり（に次いで）" ということで、「誰にも負けない」すなわち "No.1" ということを示す表現です。日本語ですと、"second to none" で「右に出るものはいない」の意味になります。

114

⑤ 英語： **Give me ___.**

日本語： ハイタッチをしよう。

日本語の「ハイタッチ」は、英語では“high five”と言います。5 本指でタッチするというニュアンスで、“high five” というわけですね。

⑥ 英語： **I'll take _______.**

日本語： 黙秘します。

合衆国憲法修正第 5 条は、「黙秘権」に関する条文となっていることから、このような表現が生まれたと考えられています。

⑦ 英語： **Maho and her mother are ________ in ________.**

日本語： 真歩はお母さんと瓜ふたつだ。

日本語では「瓜」を使いますが、英語ではそら豆を使って表現します。pod は「さや」のことですが、そこに入っている two peas（＝ふたつの豆）ということです。

⑧ 英語： **They are a _____ a _____.**

日本語： 十把一絡げだ。

dime は 10 セント硬貨を表す言葉です。dozen は、1 ダースのことです。ですので、そのまま訳せば「1 ダースで、1 ダイム（10 セント）である」という意味になり、そこから転じて「十把一絡げ」という日本語訳が当てられます。

⑨ 英語： **That's ___________ cake.**

日本語： 朝飯前だよ。

「ひと切れのケーキ＝ a piece of cake」を平らげるぐらい楽勝だ、という意味で使われる慣用句です。

⑩ 英語： **Let's call it _____.**

日本語： 終わりにしましょう。

it は今の状況を表す代名詞です。「今この時間を持って、1 日＝ a day としましょう」という意味です。仕事終わりなどに使われる表現です。

115

⑪ 英語：**He's on ＿＿＿＿＿ now.**

日本語：彼は今、有頂天になっている。

最も高く上昇する積乱雲 (cumulonimbus cloud) のことを cloud nine と呼びます（英語圏の気象予報では雲を 9 つの高さに分類しているそうです）。そこから転じて、ウキウキして、高揚している状態を表現する際に、このように言う習慣があります（＊諸説あり）。

⑫ 英語：**The house is at ＿＿＿ and ＿＿＿.**

日本語：家の中がゴタゴタしている。

日本語では、のたうち回る際に「七転八倒」という言い方をすることがあります。英語では 6 と 7 を使って、「ゴタゴタしている」ということを表現する慣用句があります。昔のサイコロ・ゲームで、6 や 7 の目が出るのが嫌われていたことに由来するようです（＊諸説あり）。

⑬ 英語：**Tom was in ＿＿＿＿＿＿＿.**

日本語：トムは天にも昇る心地だった。

ユダヤ教の考え方に由来する表現で、第 7 天国＝ in seventh heaven が、最も良い場所であることに由来した表現だそうです。

⑭ 英語：**I had ＿＿＿＿＿＿＿＿ last night**

日本語：昨日は飲み過ぎてしまった。

日本語でも、「嘘八百」、「口八丁」、「八百万（やおよろず）」のように、8 という数字が「多い」ということを表すシンボルになっていることが多いようです。英語圏、特にイギリスで使われるこの表現は、そのまま訳せば「8 杯もお酒を飲む」となりますが、「たくさん飲んだ」ということの比喩になっています。

⑮ 英語：**That's ＿＿＿＿＿＿ wonder.**

日本語：人の噂も 75 日。

日本語では 75 日で消えてしまうとされる人の噂ですが、英語では「8 分の 1 以下（less than one eighth)」で、a nine days' wonder ＝ 9 日間の不思議、という言い方をします。

慣用句一覧表 (p.158~160)

① Kill two birds with one stone.

② Rome was not built in a day.

③ Buy one, get one free.

④ She is second to none regarding presentations.

⑤ Give me five.

⑥ I'll take the Fifth.

⑦ Maho and her mother are two peas in a pod.

⑧ They are a dime a dozen.

⑨ That's a piece of cake.

⑩ Let's call it a day.

⑪ He's on cloud nine now.

⑫ The house is at sixes and sevens.

⑬ Tom was in seventh heaven.

⑭ I had one over the eight last night

⑮ That's a nine days' wonder.

ミニコラム 「大げさ」を表現する際に使う英語の単位は？

物事を大袈裟に言うことを例えることを示す慣用句として、英語ではinchとmileを用いた、"give an inch, take a mile" という表現があります。直訳では「インチをあげると、マイルとして捉える」ですが、いろいろとアレンジされて使われます。これは会話でもよく使われる表現なので、覚えておくと便利です。

コラム　動物の群れを指すいろいろな表現

150 ページのコラムに続いて、それぞれの動物のイメージを連想させる動物の群れを表す表現を見てみましょう。

a pride of lions : ライオンの群れ（百獣の王のプライド、ということでしょうか）

---

a gang of turkeys : 七面鳥の群れ（七面鳥のギャングなんですね）

---

a tower of giraffes : キリンの群れ（首の長いキリンが塔を彷彿とさせますね）

---

an army of frogs : カエルの群れ

---

a flight of swallows : ツバメの群れ（ツバメが飛行している様子を連想します）

---

a gaggle of geese : ガチョウの群れ（gaggle はガチョウの「ガーガー」という鳴き声の擬音語〔オノマトペ〕です）

---

a game of swans : 白鳥の群れ（一説によれば、「白鳥狩り」という貴族のゲームからこの表現ができているとか、できていないとか。）

最近は、これらの表現は、**a group of...** という表現で代用されることが多くなり、会話の中などではあまり聞くことはなくなりつつあるようです。しかし、このような単位にまつわる言い方を覚えておくと、表現のバリエーションが広がりますね。

練習問題
トレーニング問題
総合トレーニング

解答

Part 1

練習問題解答

Unit 1

練習問題　*p*.19

① one thousand, five hundred eighty-three
② four thousand, five hundred sixty
③ five thousand, seven hundred (and) eight [oh eight]
④ six thousand, (and) eighty-nine
⑤ three thousand, four hundred (and) nine [oh nine]

Unit 2

練習問題 1　*p*.22

① thirty thousand yen
② twenty thousand yen
③ one hundred thousand yen
④ fifty thousand yen
⑤ seventy-seven thousand yen

練習問題 2　*p*.22

① one hundred thousand yen
② one hundred thousand yen
③ two hundred and fifty thousand yen
④ one hundred and fifty thousand yen
⑤ seven hundred and seventy thousand yen

練習問題 3　*p*.23

① more than ten thousand employees
② ten thousand-square-meter
③ one hundred thousand customer's
④ sixty hundred and seventy thousand times

Unit 3

練習問題 1　*p*.26

① one million yen
② two million yen
③ three million, five hundred thousand yen
④ about five million, five hundred forty thousand yen
⑤ as much as seven million, seven hundred thirty thousand yen

練習問題 2　*p*.27

① about nine million

② More than three million
③ eight million gods
④ one million, three hundred ninety-two thousand and seven hundred kilometers
⑤ over nine million

Unit 4

練習問題 1 *p.*29
① ten million yen
② ten million yen or more
③ thirteen million, nine hundred sixty thousand
④ sixty-three million, six hundred thousand yen
⑤ ten million dollars

練習問題 2 *p.*30
① one hundred million yen
② under one hundred million
③ one hundred twenty-five million, eight hundred thousand
④ three hundred eighty-five million
⑤ eight hundred twenty-eight million

練習問題 3 *p.*31
① one hundred million yen
② twenty million yen
③ fifty million yen
④ eighty-four million, three hundred forty thousand
⑤ eighty-nine million, eight hundred ninety thousand yen
⑥ three hundred twenty-nine million, five hundred thousand
⑦ four hundred eighty million

Unit 5

練習問題 1 *p.*33
① one hundred million
② one billion
③ eight billion
④ one billion, seven hundred million
⑤ one billion, four hundred million

練習問題 2 *p.*34
① one billion, four hundred million
② eight billion
③ ten billion

④ one billion, one hundred million
⑤ one hundred billion

Unit 6

練習問題 1　*p.*40
① two million
② three billion
③ five trillion
④ two quadrillon
⑤ one quintillion

練習問題 2　*p.*41
① sixty-three thousand, four hundred fifty-five
② four hundred sixty-three thousand, five hundred (and) sixty
③ eight hundred ninety thousand, three hundred and four[oh four]

練習問題 3　*p.*41
① three million, four hundred sixty-three thousand, four hundred fifty-five
② ninety-eight million, six hundred fifty-four thousand, five hundred sixty-seven
③ four billion, five hundred sixty-seven million, eight hundred and nine thousand, eight hundred seventy-six
④ two hundred thirty-four billion, five hundred sixty-seven million, ninety-eight thousand, seven hundred sixty-one
⑤ eight trillion, one hundred and nine billion, seven hundred forty-six million, nine hundred ninety-five thousand, two hundred fifty-nine

Unit 7

練習問題 1　*p.*43
① 6,900 [six thousand, nine hundred] languages
② about 10,000 [ten thousand years]
③ around 800,000 [eight hundred thousand]
④ 250,000 [two hundred fifty thousand] companies
⑤ 530,000 [five hundred thirty thousand] times

練習問題 2　*p.*44
① 1,000,000 [one million] dollars
② 8,300,000 [eight million, three hundred thousand] people
③ 13,000,000 [thirteen million]
④ 100,000,000 [one hundred million] times
⑤ 300,000,000 [three hundred million]

練習問題 3　*p.*45
① 1,500,000,000 [one billion, five hundred million] people
② 80,000,000,000 [eighty billion] people

③ 1,000,000,000 [one billion] light years
④ 2,500,000,000 [two billion, five hundred million] seconds
⑤ 10,000,000,000 [ten billion] dollars

練習問題 4　*p.*46

① 1,000,000,000,000 [one trillion] yen
② 2,000,000,000,000 [two trillion]
③ 100,000,000,000,000 [one hundred trillion]
④ 60,000,000,000,000 [sixty trillion]
⑤ 364,000,000,000 [three hundred sixy-four billion]

<Part 1 トレーニング問題 >

問題 1　*p.*48

① fifty thousand yen
② higher than fifty thousand yen
③ one hundred thousand yen or more
④ forty-eight thousand seven hundred yen before tax
⑤ equivalent to fifty thousand yen
⑥ more than thirty-eight thousand
⑦ one hundred twenty thousand yen
⑧ four hundred thiry thousand yen
⑨ five hundred sixty-nine thousand yen annually
⑩ one million-square-meter
⑪ one million, one hundred forty thousand
⑫ one million, eight hundred sixty-seven thousand times

問題 2　*p.*50

① about 8,468,000
about eight million, four hundred sixty-eight thousand
② approximately 1,327,000
approximately one million, three hundred twenty-seven thousand
③ 10,000,000 dollars
ten million dolllars
④ 20,000,000 yen
twenty million yen
⑤ approximately 26,000,000
approximately twenty-six million
⑥ approximately 43,810,000
approximately forty-three million, eight hundred ten thousand
⑦ 153,000,000 dollars
one hundred fifty-three million dollars
⑧ 500,000,000 yen

five hundred million yen
⑨ approximately 214,000,000
approximately two hundred fourteen million
⑩ 250,000,000
two hundred fifty million
⑪ 8,000,000,000 as of November, 2022
eight billion as of November, 2022
⑫ over 1,400,000,000 people
over one billion, four hundred million people
⑬ over 1,344,000,000
over one billion, three hundred forty-four million
⑭ over 10,000,000,000
over ten billion
⑮ about 13,800,000,000 years old
about thirteen billion, eight hundred million years old
⑯ 200,000,000,000 yen
two hundred billion yen

Part 2

練習問題解答

Unit 1

練習問題　*p.*59

① およそ 5 km (1 mile = 1.6 km)
[訳] 駅は 5 キロほど離れたところにある。
② およそ 550 ml (fl. oz.　= 約 30 g/ml)
[訳] プラスティックボトルにはそれぞれおよそ 550ml の水が入っている。
③ およそ 2.5 kg (pound = 約 450 g)
[訳] 2.5 キロくらいの小麦粉をまな板の上に置いてください。
④ およそ 30 cm (1 foot = 約 30 cm)
[訳] 30cm のサイズのサンドウィッチをください。
⑤ およそ 70cm (1 inch = 2.54cm)
[訳] これは 27 インチのコンピュータ・ディスプレイだ。
⑥ およそ 270 m (1 yard = 90 cm)
[訳] ビルのエントランスまでおよそ 270m だ。

Unit 2

練習問題　*p.*63

① three steps to the left
[訳] 左に 3 歩、歩いてください。

② three strides
[訳] テーブルまで大股で 3 歩進んでください。
③ about fifteen minutes away
[訳] 駅まではここから徒歩で 15 分ぐらいです。
④ about an hour by taxi
[訳] 工場までは、タクシーで 30 分ぐらいかかります。
⑤ under thirty miles per hour
[訳] この地域では、時速 30 マイル以下で運転するようにしてください。

Unit 3

練習問題 *p.67*

① a teaspoon of
② a pinch of herb salt and black pepper
③ some more olive oil
④ a jar of
⑤ a lump of meat

Unit 4

練習問題 *p.71*

① twenty-five dollars forty-seven cents
② twenty-four hundred dollars before tax
③ pay by[with a] credit card
④ in a size four
⑤ ten percent off on cashless payments

Unit 5

練習問題 *p.75*

① one of these
② a cup of / two cups of
③ Three pounds each.
④ three pints of
⑤ two glasses of (tap) water

Unit 6

練習問題 *p.79*

① communication expenses / ten-percent
② public transportation fare / fifteen thousand yen
③ the fuel surcharge / fifteen-percent
④ utility bills / one billion dollars or over
⑤ a value-added tax / ten percent

Unit 7

練習問題　*p.*83

① lower than 20 %

② 40 degrees Fahrenheit/ by five degrees

③ will be 30 %

④ a more than 60 % chance

⑤ with an intensity of five

Unit 8

練習問題 1　*p.*86

① a five-percent interest rate

② a fifteen-percent

③ a loan of twenty million dollars

④ another six million dollars

⑤ a seventy-billion-pound

練習問題 2　*p.*87

① a mortgage of 80 million / at a 0.48 percent interest rate

② monetary easing of / 100 trilion yen / inflation target of 2%

Unit 9

練習問題　*p.*91

① very little（ほとんど〜ない）
[訳] 今は持ち合わせがあまりありません。お財布には 1,200 円しか入っていないんですよ。

② quite a few（たくさんの）
[訳] 彼は 5,000 冊以上本を持っています。彼の本棚にはたくさんの本がありますね。

③ hardly any（ほとんど〜ない）
[訳] 道の途中で 1、2 件ぐらいしかお店が見えなかったです。ここにはコンビニはほとんどありませんね。不便そうです。

④ A good many（たくさんの）
[訳] 90%以上の社員が新しいテレワークのシステムに反対しています。多くの従業員は元のやり方のままでいたいと思っています。

⑤ much（たくさんの）
[訳] 講師は 2 時間も話していましたね。ところで、彼の話から有益なものはたくさん得られましたか。

Unit 10

練習問題 4　*p.*97

① four inches taller
[訳] 私の息子は今年 4 インチ（10cm 程度）身長が伸びた。

② eleven yards [訳] この道幅は 11yard（約 10m 程度）だ。
③ a mile
[訳] 彼女はいつも早口でまくし立てる（1 分間に 1 マイル〔1.6km〕のスピードで話すことから、早口でしゃべることのメタファー）
④ eight-ounce
[訳]1 日に8オンス (240ml 程度) の水を、グラス 5 ～ 8 杯分飲むことがおすすめだ。
⑤ seventy degrees Fahrenheit / forty-two degrees Fahrenheit
[訳] 今日の静岡の最高気温は華氏 70°（摂氏 21°）で、最低気温には華氏 42°（摂氏 5.5°）でしょう。
⑥ thirty square miles
[訳] この土地の広さは 30 平方マイル（77.7 平方 km）だ。

Unit 11

練習問題 *p.*101
① [米] May 6th, 2023 (5/6/2023) vs [英]6th of May 2023 (06/05/2023)
[訳] 次の出荷は 2023 年 5 月 6 日の予定です。
② [米] July 6th (6/7) vs [英]6th of July (06/07)
[訳] 私たちはロンドンに 7 月 6 日に到着する予定だ。
③ [米] on the weekend vs [英]at the weekend
[訳] 私たちは新入社員のための歓迎会を週末にすることにしている。
④ [米] second floor vs [英]first floor
[訳] 2 階に降りてコンコースを通り抜けてください。
⑤ [米] fifteen meters vs [英]fifteen metres
[訳] その建物の裏口は 15m ほど先ですよ。

<Part 2 トレーニング問題 >

問題 2 *p.*104
① 15,000 yen or over
fifteen thousand yen or over
② lower than 20%
lower than twenty percent
③ will be 22 degrees Celsius
will be twenty-two degrees Celsius/
will be 8 degrees Celsius
will be eight degrees Celsius
④ there is a less than 10% chance of rain
there is a less than 10 percent chance of rain
⑤ with an intensity of 6
with an intensity of six

⑥ at a 2-percent interest rate
at a two-percent interest rate
⑦ a mortgage of 50,000,000 yen
a mortgage of fifty million yen
⑧ another additional 5,000,000 dollars
another additional five million dollars
⑨ announced a 60,000,000,000,000 yen monetary easing
announced a sixty-trillion-yen monetary easing
⑩ [イギリス英語]
on the 22nd of December, 2022
on the twenty second of December, two thousand twenty-two
[アメリカ英語]
on December 22nd, 2022
on December twenty second, 2022
⑪ [イギリス英語]
the ground floor
[アメリカ英語]
the1st floor / the first floor

Part 3

練習問題解答

Unit 1

練習問題 1　基本問題　*p.*110

① seventeen plus twenty-five equals forty-two
② sixty-seven minus thirty-nine equals twenty-eight
③ twenty-four times six equals one hundred forty-four
④ eleven times seven equals seventy-seven
⑤ one hundred twenty-one divided by eleven equals eleven
⑥ seven plus (eight times nine) equals seventy-nine
⑦ six minus (nine divided by three) equals three
⑧ one fourth times two thirds equals one sixth
⑨ one third divided by one half equals two thirds

練習問題 2　応用問題　*p.*111

[訳] 300gの純水に15gの食塩を溶かしました。この食塩水の濃度は何％でしょうか。

[正解] Fifteen divided by (three hundred plus fifteen) multiplied by one hundred approximately equals four point seven six.

Unit 2

練習問題　*p.*115

① a x plus b is greater than or equal to seven
② y equals a x squared plus a b plus c
③ x squared plus two a x plus a squared equals x plus a squared
④ x plus two squared equals x squared plus four x plus four
⑤ the square root of three [root three] equals one point seven three two zero five zero eight

Unit 3

練習問題 1　*p.*120

① The area of this rectangle is equal to five (the base) times three (the height) (= 15).
[訳] この長方形の面積は、5（底辺）× 3（高さ）＝ 15 です。
② The area of this triangle is equal to three (the base) times seven (the height) divided by two (= 10.5).
[訳] この三角形の面積は、3（底辺）× 7（高さ）÷ 2 = 10.5 です
③ The area of this trapezoid[trapezium] is equal to the sum of both bases (5 + 3) times the height (4) divided by two (= 16).
[訳] この台形の面積は、両方の底面の和 (5 + 3) × 高さ (4) ÷ 2= 16 です。
④ The area of this circle is equal to pi times radius (3) squared (= 9 π).
[訳] この円の面積は、π ×半径（3）の 2 乗＝ 9 π です。

練習問題 2　p.121

[訳] 上底が 3 cm で下底が上底よりも 1 cm 長くて高さが上底と同じ台形があります。面積はいくつでしょうか。
(3 + 4) × 3 ÷ 2 = 10.5㎠
[正解] The upper base is 3 cm, and its lower base is 4 cm since it is longer than the upper base by 1 cm. The height is also 3 cm. So, its area is the sum of both bases (3 + 4) multiplied by 3 divided by two, which is equal to 10.5 cm^2.
[訳] 上底は 3 cm、上底より 1 cm 長いので下底は 4 cm です。 高さは 3 cm あります。 したがって、その面積は、両底の合計（3 + 4）に 3 を掛けて 2 で割ったもので、10.5 cm^2 になります。

Unit 4

練習問題 2 *p.*129

① The closest whole number is sixteen [16].
最も近い整数は 16 である。
② The scale factor is three [3].
相似比は 1：3 である。
③ The greatest common divisor（GCD）is five [5].

最大公約数は 5 である。

④ one seventh [1/7]
7 分の 1 である。

⑤ The median is nine [9]
中央値は 9 である。

練習問題 3 *p.*130

1[one]-trillion-yen / mean / 5,500,000[five million, five hundred thousand] yen per year

Unit 5

練習問題 *p.*135

① area /10 million square kilometers / 25 times the size

[訳] アメリカ合衆国の国土面積は約 1000 万㎢で、日本の国土面積の 25 倍に相当する。

② In the 18th century / In 2045

[訳] 18 世紀に第一次産業革命がイギリスで起こった。今日、急速なデジタル化とその他の要因により、我々は第四次産業革命の渦中にいる。レイ・カーツワイルは、2045 年にはその第四次産業革命は技術的特異点に達すると予測している。

Unit 6

練習問題 *p.*139

on the 11th floor of a 25-story[storey] building / approximately 5,500 square feet / roughly 10 years old

[訳] レンタルオフィスは 25 階建てビルの 11 階にあり、約 5500 平方フィートの広さがある。そのビルは築 10 年ほどであり、そのロケーションを考えれば破格の値段だと考えられる。

Unit 7

練習問題 *p.*143

① No. 477 / Track No. 17 / The ETA / 10:28

[訳] まもなく東京駅 17 番線から新幹線「ひかり」477 号名古屋行きが発車します。品川、新横浜、静岡に停車し、終点駅・名古屋に到着する予定です。到着予定時刻は 10 時 28 分です。

② every other year / 140 over 90 / 20/25 / 20/20 / open twenty-four seven

[訳] 当社では、隔年で全社員に健康診断の受診を義務付けています。今回の私がもらった結果は、食事のバランスを改善する必要があるとのことでした。血圧は上は 140、下は 90 で、平均よりやや高め。視力は 2 年前まで 1.0 でしたが、今回は 0.8 でした。このクリニックは 24 時間開いているので、私たちのような忙しいサラリーマンにはとても便利です。

<Part 3 トレーニング問題>

問題 1 *p.*144

① Twenty-five plus seventeen equals forty-two [42].
② Fifty-seven minus twenty-nine equals twenty-eight [28].
③ Twenty-four times twelve equals two hundred eight-eight [288].
④ Ninety-eight divided by forty-nine equals two [2].
⑤ Twenty-seven x plus three y is greater than or equal to twelve.
⑥ y equals thirteen x plus nine.
⑦ Two x squared plus three x plus one equals x plus one times two x plus one [(x + 1) (2x + 1)].
⑧ Two x minus one squared equals four x squared minus four x plus one [4x2 - 4x + 1].
⑨ Root 98 equals seven root two [$7\sqrt{2}$].

問題 2 *p.*146

① The area of this rectangle is equal to thirteen (the base) times eleven (the height) (= 143/one hundred forty-three square centimeters).
[訳] この長方形の面積は、13（底辺）× 11（高さ）＝ 143 平方センチメートルです。
② The area of this triangle is equal to twelve (the base) times fifteen (the height) divided by two (= 90/ninety square centimeters).
[訳] この三角形の面積は、12（底辺）× 15（高さ）÷ 2 ＝ 90 平方センチメートルです。
③ The area of this parallelogram is equal to fourteen (the base) times eleven (the height) (= 154/one hundred fifty-four square centimeters).
[訳] この平行四辺形の面積は、14（底辺）× 11（高さ）＝ 154 平方センチメートルです。
④ The area of this circle is equal to pi times radius (12) squared (= 144 π /one hundred forty-four π square centimeters)
[訳] この円の面積は、π × 半径（12）の 2 乗＝ 144 π 平方センチメートルです。

Part 4

Unit 1

① *p.*152

According to linguists, the number of native speakers of English in the world is estimated to be approximately **400 million**, including countries like the USA and the UK. On the other hand, the number of non-native speakers of English is estimated to be roughly 1,700million, over four times larger than that of native speakers. This means that the English language is the de facto global language of today.

② *p.*152

Statistics from the National Institute of Infectious Diseases suggest that the number of people newly infected with syphilis, a sexually transmitted disease, is currently increasing. In December 2021, the number of reported cases was 6,940, based on data from between the 4th of January and the 28th of November in 2021. This number was found to be approximately 1.4 times more than that of the same period the previous year. If categorized by age group, males aged 25 to 29, which is 14% of all males, and females aged 20 to 29, or 34% of all females, accounted for the most infections.

③ *p.*153

In 2022, the world's entire population was said to have reached 8 billion. According to statistics from the United Nations, China's population in 2022 was 1,426 million, while India's reached 1,412 million. It is reported that India will be the most populated country in the world in 2023. China's one-child policy has resulted in a birthrate decline and aging population.

④ *p.*154

The supercomputer *Fugaku* was developed as a successor to the *Kei* computer. Incidentally the name *Kei*, which means ten quadrillion in Japanese, comes from the fact that it can perform ten quadrillion calculations per second. *Fugaku* is said to be 100 times faster than the *Kei* computer, so theoretically it can perform 100-times-ten quadrillion calculations per second. In 2022, *Fugaku* had already been ranked number one in the world for the sixth time.

⑤ *p.*154

Mr. Tanaka has the same portfolio of US stocks as Warren Buffett, who is also known as the Sage of Omaha. He manages approximately 7 million yen in assets and expects a return of 5% per year. In other words, he gains an annual return of ¥350,000.

⑥ *p.*155

Company A's trendy yogurt-based drink is said to contain 100 billion lactobacilli per 100 ml that can reach the intestines before being digested. This drink tends to be resold at a high price due to its popularity and is sometimes sold online for 1,000 yen or more per bottle. The government is now thinking about introducing regulations to take measures against this issue.

⑦ *p.*155

According to Thomas Piketty, the eminent economist and author of *Capital in the Twenty-First Century,* about 38% of the world's wealth, which amounts to approximately $141 trillion (USD), is owned by the top 1% of the wealthiest people. On the other hand, the bottom 50% of the poor hold only about $7 trillion (USD) in total, which is nothing more than 2% of global wealth. This skewed distribution of wealth represents the huge gap between the haves and have-nots in today's world.

⑧ *p.*156

Company B will open its first gigantic Asia-Pacific base office in Japan in 2024 as part of its global strategy. The new facility, which will be located in the suburbs of Tokyo, will improve business operations dramatically. The company is going to build a twenty-storey building on 54,678 m^2 of land by investing $730 million (USD). After construction, a total of 7,690 employees will eventually work in the building. It is estimated that the construction of this building will raise business productivity by 15 percent.

⑨ *p.*157

From 1955 to 1973, Japan experienced 19 years of rapid economic growth. However, the first oil shock in 1973 created a price frenzy. In 1979, in the aftermath of the Iranian Revolution, the second oil shock occurred, triggering further anxiety.

著者紹介

佐藤洋一（Yoichi Sato, Ph.D.）

東京大学大学院総合文化研究科言語情報科学専攻修了。博士（学術）。現在、東洋大学経営学部准教授、東京大学教養学部非常勤講師。代表著書に、『仕事で使える英語音読』（コスモピア、共著）、『英語は２０の動詞で伝わる』（かんき出版、単著）など多数。一般社団法人学術英語学会代表理事、国際ビジネスコミュニケーション学会理事。

山本　良（Ryo Yamamoto）

東京大学経済学部経済学科卒業。塾講師を経て現在はフリーライターおよび投資家として活動している。関心のある領域は経済学、文学、哲学·思想、精神分析。一般社団法人学術英語学会会員。

スティーブン・スモーリー（Steven Smoley）

カナダ出身。金融機関での勤務を経て、来日。コスモピア教育事業開発部グローバルビジネスコンサルタント。日本国内の多数の企業で 18 年以上にわたり、コンサルティングに携わる。また、企業や大学など、幅広く教育やセミナー活動に従事し、指導力には定評がある。代表著書に、『仕事で使える英語音読』（コスモピア、共著）がある。一般社団法人学術英語学会会員。

ディクテーションと音読で徹底トレーニング
英語の数字と単位に強くなる！

2023年2月10日　第1版第1刷発行

佐藤洋一、山本　良、スティーブン・スモーリー　共著

装丁：松本田鶴子

校正：高橋清貴
英文校正：Sean McGee
表紙イラスト：min6939/iStockphoto

制作協力：田中和也、大岩根麻衣、笹森瑞季

発行人：坂本由子
発行所：コスモピア株式会社
〒151-0053　東京都渋谷区代々木4-36-4　MCビル2F
営業部：TEL: 03-5302-8378　email: mas@cosmopier.com
編集部：TEL: 03-5302-8379　email: editorial@cosmopier.com

https://www.cosmopier.com/（コスモピア公式ホームページ）
https://e-st.cosmopier.com/（コスモピアeステーション）
https://ebc.cosmopier.com/（子ども英語ブッククラブ）

印刷：シナノ印刷株式会社

本書へのご意見・ご感想をお聞かせください。

本書をお買い上げいただき、誠にありがとうございます。

今後の出版の参考にさせていただきたいので、ぜひ、ご意見・ご感想をお聞かせください。（PC またはスマートフォンで下記のアンケートフォームよりお願いいたします）

アンケートにご協力いただいた方の中から抽選で毎月 10 名の方に、コスモピア・オンラインショップ（https://www.cosmopier.net/）でお使いいただける 500 円のクーポンを差し上げます。（当選メールをもって発表にかえさせていただきます）

https://forms.gle/VZmG35HEpb2QX38LA